Trennung und Scheidung

D1666129

CHRISTINE HAASER

südwest

Trennung und Scheidung

Professioneller Rat von der Familienanwältin
Mit Düsseldorfer Tabelle

INHALT

VORWORT

Liebe Leser,

jede dritte Ehe in Deutschland wird geschieden, Tendenz steigend. Im Jahre 1993 wurden 156 425 und im Jahre 2004 fast 213 700 Ehen geschieden. Dies bedeutet eine Steigerung von zirka 37 Prozent innerhalb von 10 Jahren. Es ist zwar ein schwacher Trost, doch damit sind Sie eine/r unter vielen, die sich in der gleichen Situation befinden.

Eine Trennungsentscheidung bringt meistens persönliche Enttäuschungen und Verletzungen mit sich. In dieser emotional schwierigen Zeit stellen sich für die Betroffenen dann auch viele Sachfragen. Was ist zu regeln? Was ist mit der elterlichen Sorge? Welcher Unterhalt ist zu zahlen beziehungsweise welchen bekomme ich? Wie sieht es mit dem Kindesunterhalt aus? Wem steht die Ehewohnung zu usw.?

Dieser Scheidungsratgeber beantwortet diese und viele weitere Fragen. Er führt in das Scheidungsrecht ein und gibt einen ersten Überblick. Er informiert Sie in verständlicher Weise über die Rechte und Möglichkeiten während der Trennungsphase und der Scheidung.

Jede Trennung bringt zwangsläufig auch eine Veränderung der bisherigen Lebenssituation mit sich, mit der Sie sich unverzüglich auseinandersetzen sollten. Sind Kinder mit beteiligt, so gilt es für Sie und Ihren Partner/Ihre Partnerin, nicht nur eigene Interessen zu verfolgen. Sie müssen zum Wohl der Kinder Regelungen finden, die diese finanziell absichern und ihnen die Möglichkeit bieten, den Kontakt zu beiden Elternteilen aufrechtzuerhalten.

Dieses Buch ersetzt keinen anwaltlichen Rat. Es soll einen Überblick über die zu regelnden Angelegenheiten während der Trennung und Scheidung sowie Denkanstöße geben beziehungsweise Lösungsansätze aufzeigen. Sie können mithilfe dieses Ratgebers die Besprechung mit dem Anwalt optimal vorbereiten und dadurch die Angelegenheit eventuell kostengünstig gestalten.

Bedenken Sie, dass jede Trennungsphase auch mit einer neuen Lebenschance verbunden ist, und nicht jede Veränderung der Lebenssituation ist schlecht. Versuchen Sie, sich mit den zu regelnden Angelegenheiten zeitnah aktiv auseinanderzusetzen, um schnellstmöglich Lösungsmöglichkeiten zu schaffen.

Die Rechtsprechung und die Gesetze ändern sich immer wieder. Bitte informieren Sie sich daher, ob die in diesem Ratgeber benannten Bestimmungen so noch zutreffend sind.

Das neue Unterhaltsrecht, das in diesem Buch ebenfalls abgehandelt wird, sollte zum 1.7.2007 in Kraft treten. Aufgrund eines neuen Bundesverfassungsgerichtsurteils wurde die Reform jedoch erneut verschoben. Der tatsächliche Zeitpunkt des Inkrafttretens ist noch nicht bekannt. Es werden sich aber nur geringfügige Änderungen zu den bisher vorliegenden Reformbestimmungen ergeben. Lediglich hinsichtlich der Rangfolge wird gegebenenfalls eine Nachbesserung erfolgen.

Sie finden in den einzelnen Kapiteln eine rechtliche Darstellung und entsprechende Tipps sowie zahlreiche Hinweise zu Dingen, auf die Sie besonders achten sollten.

Christine Haaser

Fachanwältin für Familienrecht

DIE TRENNUNG

Haben Sie sich zur Trennung entschlossen, sollten Sie unverzüglich folgende Punkte regeln:
• Ehewohnung
• Hausrat (Nutzung)
• Ehegattenunterhalt
• Vorsorgeunterhalt (Rentenbeiträge/Krankenversicherungsbeiträge)
• Verbindlichkeiten, Kontovollmachten
• Steuerrückerstattungen/-vorauszahlungen
• Darlegung der Einkommen zur Berechnung von Kindes- und Ehegattenunterhalt
• Mitteilungspflicht gegenüber dem Ehegatten über die Änderung der Einkommens- und sonstigen Verhältnisse
• Versicherungsrechtliche Fragen
• Erbrechtliche Fragen
Bei gemeinsamen Kindern stellen sich darüber hinaus folgende Fragen:
• Elterliche Sorge/Aufenthaltsbestimmungsrecht
• Umgangsrecht
• Kindesunterhalt
Im Kapitel »Der Ehevertrag« (Seite 128ff.) finden Sie nähere Ausführungen dazu, wie diese Punkte im Rahmen einer Trennungsvereinbarung geregelt werden können, sowie ein entsprechendes Muster.

Die Trennungszeit

Der Gesetzgeber verlangt grundsätzlich eine Trennungszeit von einem Jahr, bevor eine Ehe geschieden werden kann. Auf diese Weise soll vermieden werden, dass die Scheidung unüberlegt, zum Beispiel aus einem Streit heraus, eingereicht wird. Doch Ausnahmen bestätigen auch hier die Regel (siehe Seite 64ff.).

Wann ist eine Trennung eine Trennung?

Eine Trennung im rechtlichen Sinn bedeutet, dass die Ehepartner, die nicht mehr zusammenleben wollen, eine Trennung von »Tisch und Bett« herbeiführen. Trennung vom Tisch heißt, dass Sie keine gemeinsamen Mahlzeiten mehr einnehmen und jeder seine eigene Hausarbeit (waschen, bügeln, kochen etc.) vornimmt. Die Lebensmittel hat jeder von Ihnen selbst zu besorgen und sie sind getrennt voneinander aufzubewahren. Die Trennung vom Bett bedeutet, dass Sie nicht mehr sexuell miteinander verkehren dürfen. Sinnvollerweise übernachten Sie in getrennten Zimmern.

In der Regel zieht entweder einer der beiden Eheleute aus der gemeinsamen Wohnung aus oder diese wird insgesamt aufgegeben, und beide suchen sich etwas Neues. Grundsätzlich ist es aber auch möglich, eine Trennung innerhalb der Ehewohnung durchzuführen, denn nicht immer lassen es die Einkommensverhältnisse zu, zwei Mieten zu bezahlen. In diesem Fall sollten Sie jedoch streng darauf achten, dass die Trennung auch nach außen hin deutlich sichtbar wird. Die Gerichte gehen nämlich davon aus, dass trotz Trennungswillen kein Getrenntleben vorliegt, wenn der gemeinsame Haushalt – zum Beispiel im Interesse der Kinder – wie in der Vergangenheit weitergeführt wird. So urteilte zuletzt das Oberlandesgericht Stuttgart (Zeitschrift für das gesamte Familienrecht 2002, Seite 239).

Tipp: Sollte es nicht möglich sein, eine räumliche Trennung durch zwei Wohnungen herbeizuführen, handhaben Sie das Getrenntleben in einer Wohnung so strikt wie möglich. Tun Sie das nicht, geraten Sie im Zweifel in erhebliche Beweisschwierigkeiten, die dazu führen können, dass sich die Scheidung erheblich verzögert oder der Scheidungsantrag zurückgewiesen wird.

Auch wenn es grundsätzlich nicht erforderlich ist, den Beginn gerichtlich feststellen zu lassen, so ist es doch sinnvoll, den Beginn der Trennung schriftlich zu dokumentieren, damit es später keinen Streit über den Trennungszeitpunkt gibt. Dazu genügt ein Schreiben, in dem beide Eheleute bestätigen, dass sie sich getrennt haben. Sind Sie bereits anwaltlich vertreten, so können Sie Ihren Anwalt/Ihre Anwältin bitten, Ihrem Partner schriftlich mitzuteilen, dass Sie sich dauerhaft von ihm getrennt haben.

Der Versöhnungsversuch und seine Auswirkungen

Ein während der Trennungszeit unternommener Versöhnungsversuch hat keine Auswirkungen auf den Trennungszeitraum. Die Parteien können hierfür auch kurzfristig wieder zusammenleben, der Lauf der Trennungszeit wird dadurch nicht unterbrochen. Erst wenn der Versöhnungsversuch länger als 2 bis 3 Monate dauert, beginnt das Trennungsjahr erneut zu laufen.

Und es darf natürlich keine echte Versöhnung geben. Das wäre der Fall, wenn beide Ehepartner übereinstimmend zu dem Ergebnis kommen, dass sie sich wieder versöhnt haben und den gemeinsamen Lebensweg fortsetzen wollen. Trennen Sie sich danach erneut, beginnt das Trennungsjahr von vorn.

Tipp: Sehen Sie noch eine Chance, Ihre Beziehung zu retten, können Sie ruhig einen Versöhnungsversuch wagen. Im Zweifel muss nämlich Ihr Ehepartner beweisen, dass eine echte Versöhnung stattgefunden und damit die Trennungsfrist erneut zu laufen begonnen hat. Dies dürfte ihm sehr schwerfallen, wenn Sie anderer Auffassung sind, beziehungsweise nie ernsthaft die Lebensgemeinschaft fortsetzen wollten.

Worauf Sie achten sollten

Steht der Trennungsentschluss fest, sollten Sie gemeinsame Konten umgehend auflösen und eventuell erteilte Kontovollmachten widerrufen. Setzen Sie sich mit Ihrer Bank in Verbindung und teilen Sie ihr am besten schriftlich mit, dass Sie sich getrennt haben. Ihr Ehepartner könnte ansonsten das Konto plündern oder gar überziehen, und Sie würden für die Überziehung mithaften. Denken Sie auch daran, die EC- und Kreditkarten sperren zu lassen.

Eigene Sparbücher nehmen Sie unverzüglich an sich, damit das Geld nicht zu Ihren Lasten verbraucht wird. Allerdings sollten Sie das Geld ebenfalls nicht ausgeben, es sei denn, Sie müssen davon Ihren Lebensunterhalt bestreiten. Zum einen kann es sein, dass Sie im Rahmen des Zugewinns dafür einen Ausgleich zu leisten haben, und zum anderen ist es immer gut, ein kleines Polster zu haben – insbesondere, wenn Sie unterhaltsberechtigt sind und damit zu rechnen ist, dass Ihr Ehepartner nicht gleich bezahlen wird.

Sie sollten auch alle wichtigen Dokumente, die Sie und Ihre Kinder betreffen, an sich nehmen.

Ein Punkt, der gern übersehen wird, sind Lebensversicherungen, bei denen der Ehepartner als Begünstigter benannt ist. Möchten Sie dies ändern, müssen Sie die Bezugsberechtigung schriftlich gegenüber Ihrer Versicherung widerrufen beziehungsweise ändern. Haben Sie Kinder und wollen Sie, dass ausschließlich die Kinder begünstigt sind, sollten Sie auch daran denken, die Vermögensfürsorge für die Kinder zu regeln. Das bedeutet, dass sich eine Person Ihres Vertrauens um das Vermögen der Kinder kümmert, wenn Ihnen etwas zustoßen sollte. Treffen Sie keine Regelung, so kann Ihr Ehepartner im Rahmen des Sorgerechts wieder über die Versicherungssumme verfügen.

Die elterliche Sorge

Da die elterliche Sorge bei der Trennung und der Scheidung gleich behandelt wird, finden Sie alles Wissenswerte dazu bereits an dieser Stelle.

Kinder sind bei jeder Trennungsauseinandersetzung ein sehr heikler und emotionaler Punkt. Nicht selten versuchen die Eltern, ihre Streitigkeiten und die dadurch erlebten Verletzungen über die Kinder auszutragen oder über sie Druck auf den getrennt lebenden Partner auszuüben. Aufgrund der oft doch sehr hohen Unterhaltszahlungen, die geleistet werden müssen, ist die Auseinandersetzung um das Sorgerecht für die Kinder auch eine Auseinandersetzung um das Thema »Geld«.

ACHTUNG

Egal, wie sehr Ihr Partner/Ihre Partnerin Sie auch verletzt haben mag, missbrauchen Sie Ihre Kinder niemals als Spielball – sie leiden so schon unter der Trennung. Nehmen Sie deshalb auch nur wirklich absolut notwendige Veränderungen vor und versuchen Sie, die Kinder so weit wie irgend möglich aus Ihrer Auseinandersetzung herauszuhalten.

Wem steht die elterliche Sorge zu?

Musste das Gericht bis 1998 in einem Scheidungsverfahren einem Ehepartner das alleinige Sorgerecht übertragen, steht dieses nach dem Kindschaftsreformgesetz heute grundsätzlich beiden Elternteilen gemeinsam zu. Wollen die Parteien allerdings, dass ein Elternteil das alleinige Sorgerecht erhält, so ist das Gericht an diesen Wunsch gebunden. Nur wenn es aus irgendwelchen Gründen das Wohl des Kindes/der Kinder gefährdet sieht, wird das Gericht die Übertragung nicht anordnen. Das ist zum Beispiel dann der Fall, wenn der Ehepartner, der das alleinige Sorgerecht erhalten soll, alkoholabhängig ist. In der Regel jedoch wird das Gericht dem Willen der Parteien entsprechen.

Die gemeinsame elterliche Sorge nach der Trennung/Scheidung

Die Angelegenheiten des täglichen Lebens unterliegen grundsätzlich der alleinigen Entscheidungsbefugnis desjenigen Elternteils, bei dem sich das Kind mit der Einwilligung des anderen Elternteils oder aufgrund einer gerichtlichen Entscheidung gewöhnlich aufhält. Dies gilt auch für den Elternteil, bei dem sich das Kind nur zu Besuchszwecken befindet.

Bei Angelegenheiten von erheblicher Bedeutung hingegen ist immer die Zustimmung beider sorgeberechtigter Elternteile erforderlich. Angelegenheiten sind dann von erheblicher Bedeutung, wenn sie schwerwiegende Auswirkungen auf die Entwicklung des Kindes haben.

Hierbei sind auch immer die individuellen Verhältnisse der Beteiligten zu berücksichtigen. Das Oberlandesgericht Köln (Zeitschrift für das gesamte Familienrecht 1999, Seite 249) sah in einem zweiwöchigen Ferienaufenthalt eines dreijährigen Kindes in Ägypten eine Angelegenheit von erheblicher Bedeutung. Bei einem älteren Kind oder anderen familiären Verhältnissen (bereits wiederholte Ferienaufenthalte der Kinder im außereuropäischen Ausland) kann die Bewertung des Sachverhaltes anders ausfallen (OLG Karlsruhe, Zeitschrift für das gesamte Familienrecht 2002, Seite 1272).

Durch diese Beschränkung der Zustimmung beider Elternteile auf Angelegenheiten von erheblicher Bedeutung möchte man vermeiden, dass die Parteien sich ständig über Detailfragen der Betreuung und Erziehung auseinandersetzen müssen. Auf der anderen Seite wollte der Gesetzgeber mit der Beibehaltung der gemeinsamen elterlichen Sorge insbesondere den Vätern das Gefühl geben, auch weiterhin in wichtige Entscheidungen, welche die Kinder betreffen, einbezogen zu sein.

Wesentliche Angelegenheiten, über die Sie sich bei der Ausübung des gemeinsamen Sorgerechtes einigen müssen sind:
- Schulentscheidungen (Welche Schule besucht unser Kind?)
- Berufsentscheidungen (Welcher Beruf soll ausgeübt werden?) und die damit zusammenhängende Unterzeichnung von Ausbildungsverträgen
- Wesentliche ärztliche Behandlungen, zum Beispiel operative Eingriffe
- Finanzielle Regelungen, zum Beispiel Kontoeröffnungen
- Umzüge
- Auslandsaufenthalte

Gelingt es Ihnen nicht, sich zu einigen, muss gegebenenfalls eine gerichtliche Entscheidung herbeigeführt werden. Allerdings sollten Sie im Interesse Ihrer Kinder stets versuchen – gegebenenfalls mithilfe des Jugendamts oder entsprechender Beratungsstellen –, eine außergerichtliche Lösung zu finden. Eine Klage sollte immer der letztmögliche Weg sein.

Ist diese jedoch unumgänglich, hängt es von der Formulierung des konkreten Klageantrags ab, worüber das Gericht eine Entscheidung treffen soll. Im Einzelfall kann das zum Beispiel nur der Antrag auf Zustimmung zum Besuch einer bestimmten Schule sein. Genauso kann aber auch ein umfassender Sorgerechtsübertragungsantrag gestellt werden. Dieser führt jedoch nicht zwangsläufig zur Übertragung der elterlichen Sorge auf einen der beiden Elternteile. Die Gerichte sind vielmehr angehalten, eine Sorgerechtsübertragung nur dann vorzunehmen, wenn diese unumgänglich erscheint, also beispielsweise wenn in Streitfällen keine Einigungsmöglichkeit im Interesse der Kinder besteht.

Tipp: Vergessen Sie nicht, dass Sie jederzeit Anspruch auf Beratung und Unterstützung durch das Jugendamt haben. Sie finden dort entsprechend geschultes Fachpersonal, das ständig mit schwierigen Trennungssituationen konfrontiert ist. Oftmals reicht schon ein Gespräch mit einem neutralen Dritten, der die Dinge objektiver und weniger emotional sieht, um gemeinsam eine für alle tragbare Lösung zu finden. Der Gang zum Gericht sollte im Interesse Ihrer Kinder immer die letzte Alternative sein.

Wer erhält im Zweifel das Sorgerecht?

Sollte eine Sorgerechtsübertragung aus welchen Gründen auch immer unumgänglich sein, so prüft das Gericht anhand von objektiven Maßstäben das Kindeswohl. Diese sind:

- **Förderungsprinzip:** Bei welchem Elternteil findet das Kind voraussichtlich die besten Entwicklungsbedingungen vor? In dieser Hinsicht von Bedeutung sind die Erziehungsfähigkeit der Eltern, ihre Persönlichkeit sowie die äußeren Lebensumstände.
- **Kontinuitätsprinzip:** Hier kommt es auf die Frage an, welcher Elternteil in der Vergangenheit den größeren Erziehungsanteil hatte. Durch die Fortdauer familiärer und sozialer Bindungen soll eine gesunde und stabile psychologische Entwicklung des Kindes gewährleistet werden. Es empfiehlt sich deshalb eine Sorgerechtsübertragung auf den Elternteil, der die Einheitlichkeit, Gleichmäßigkeit und Stabilität der Erziehung gewährleisten kann. Achtung: Hierbei wird besonders berücksichtigt, wo die Kinder seit der Trennung leben. Das Belassen beim Ehepartner kann Ihnen im Rahmen eines Sorgerechtsverfahrens also durchaus negativ angerechnet werden.
- **Bindung an die Eltern:** Hierbei wird geprüft, zu welchem Elternteil das Kind die gefühlsmäßig stärkere Bindung hat. Dieses Kriterium hat bei Kleinkindern (Babys) einen höheren Stellenwert als bei den älteren Kindern.
- **Bindung an Geschwister:** Geschwister sollen im Normalfall nicht getrennt werden. Für die Entwicklung der Kinder ist es wichtig, dass sie zusammen aufwachsen und erzogen werden. Des Weiteren vermittelt ihnen das Zusammenleben mit den Geschwistern und einem Elternteil das Gefühl einer fortbestehenden Gemeinschaft. Es sind jedoch auch Ausnahmefälle denkbar, bei denen es sehr wohl ratsam ist, die Geschwister zu trennen. Dies ist beispielsweise bei ständigen körperlichen Auseinandersetzungen der Fall, die das »normale Maß« bei Weitem übersteigen.
- **Sonstige Bindungen:** Ebenfalls eine Rolle spielt das sonstige soziale Umfeld wie Schule, Kindergarten, Vereine, Freunde etc.
- **Wille des Kindes:** Je älter das Kind ist, desto stärker wird sein Wille berücksichtigt. Ein Kind, welches das 14. Lebensjahr vollendet hat, hat ein Mitspracherecht bei der Entscheidungsfindung. Dies kann im Einzelfall dazu führen, dass die Eltern ihre Vorstellung von der Sorgerechtsregelung nach der Trennung

oder Scheidung nicht verwirklichen können. Kinder werden in aller Regel ab dem Alter von 4 Jahren angehört.

Diese Prüfungsmaßstäbe stellen jedoch lediglich eine allgemeine Orientierung dar. Jede Sorgerechtsentscheidung ist eine Einzelfallentscheidung, für die sich die Gerichte sehr viel Zeit nehmen und immer auch eine Stellungnahme des Jugendamts hinzuziehen.

Tipp: Ist eine Sorgerechtsentscheidung unumgänglich, sollten Sie sich sehr früh mit dem zuständigen Jugendamt in Verbindung setzen. Suchen Sie ein persönliches Gespräch und zeigen Sie stets Ihre Kompromissbereitschaft. Versuchen Sie, viel Zeit mit Ihren Kindern zu verbringen und bedenken Sie, dass ein solches Verfahren eine enorme Belastung für sie darstellt.

Das Kindschaftsreformgesetz vom 1.7.1998 hat die Stellung des Kindes erheblich gestärkt. Eheliche und nicht ehelich geborene Kinder sind seither gleichgestellt. Nach dem neuen Kindschaftsrecht kann für das Kind sogar ein eigener Interessenvertreter, der sogenannte Anwalt des Kindes bestellt werden. Er vertritt ausschließlich die Interessen des Kindes im gesamten Verfahren.

Ungeklärt ist noch, ob die Eltern, die vor dem Kindschaftsreformgesetz zwingend von der gemeinsamen Sorge ausgeschlossen wurden, ein Abänderungsverfahren in die Wege leiten können, das ihnen zusammen mit dem andern Elternteil ein gemeinsames Sorgerecht zugesteht. Hier entscheiden die Gerichte sehr unterschiedlich, die Tendenz geht jedoch dahin, dass die Gesetzesänderung eine solche Überprüfungsmöglichkeit schafft.

Der Tod eines Elternteils

Bei gemeinsamer elterlicher Sorge geht das alleinige Sorgerecht in diesem Fall automatisch auf den überlebenden Elternteil über. Hatte der verstorbene Elternteil hingegen das alleinige Sorgerecht inne, so geht das Sorgerecht nicht automatisch auf den andern Elternteil über. Dieser muss vielmehr einen Antrag beim zuständigen Familiengericht stellen. In aller Regel werden die Familiengerichte dem jedoch zustimmen.

Probleme kann es geben, wenn die Kinder nahezu keinerlei Kontakt zu dem überlebenden Elternteil haben und zum neuen Ehegatten des verstorbenen Elternteils eine sehr innige Bindung besteht. Der Ehegatte des verstorbenen Elternteils kann in einem solchen Fall das Sorgerecht gegen den Willen des anderen Elternteils beantragen. Er muss hierbei darlegen, dass das Kindeswohl durch eine Sorgerechtsübertragung auf den leiblichen Elternteil erheblich gefährdet wäre. Unter Umständen hat auch der nichteheliche Lebensgefährte des verstorbenen Ehegatten die Möglichkeit, eine solche Sorgerechtsübertragung zu beantragen. Entscheidend ist immer das Kindeswohl.

Das Aufenthaltsbestimmungsrecht

Sind Sie sich grundsätzlich über das Sorgerecht einig, finden aber keine Einigung darüber, bei wem die Kinder sich schwerpunktmäßig aufhalten sollen, können Sie einen Antrag auf Übertragung des Aufenthaltsbestimmungsrechts stellen. Das Aufenthaltsbestimmungsrecht ist Teil des Sorgerechts. Der Prüfungsumfang entspricht dem des Sorgerechtsverfahren (siehe Seite 15f.).

Wohnen Sie beide am gleichen Ort, sollten Sie auch über alternative Regelungen nachdenken. So könnte ein wochenweiser Wechsel infrage kommen, oder eine Regelung, bei der die Kinder bei einem Elternteil übernachten und sich bei dem andern am Nachmittag nach der Schule oder dem Kindergarten aufhalten. Sie sind bei Ihrer Vereinbarung völlig frei, sollten jedoch auf eine gewisse Kontinuität achten, da Kinder einen festen Rahmen brauchen. Können Sie keine Übereinkunft erzielen, wird es sehr schwierig, eine solche Regelung bei Gericht durchzusetzen. Denn diese tendieren in der Regel zur klassischen Lösung: Die Kinder sind bei einem Elternteil und haben das Recht, sich alle 14 Tage von Freitagabend bis Sonntagabend beim anderen Elternteil aufzuhalten.

Tipp: Ein Antrag auf Übertragung des Aufenthaltsbestimmungsrechts kann auch dann in Betracht kommen, wenn zu befürchten ist, dass ein Ehegatte das Kind ins Ausland schaffen möchte (siehe auch Kapitel »Umgangsregelungen im internationalen Recht«, Seite 20 sowie den entsprechenden Musterantrag, Seite 21f.).

Das Umgangsrecht

Der Ehegatte, bei dem die Kinder sich üblicherweise nicht aufhalten, hat ein Recht auf Umgang mit seinen Kindern. Dieser wird – wenn keine anderweitigen Regelungen getroffen wurden – alle 14 Tage am Wochenende gewährt.

Mit dem Kindschaftsreformgesetz ist das Umgangsrecht wesentlich verändert worden. Es ist nicht als Elternrecht gestaltet, sondern als Recht des Kindes. »Das Kind hat das Recht auf Umgang mit jedem Elternteil.« (§ 1648 I 1. HS BGB) Zudem haben wichtige Bezugspersonen des Kindes jetzt ein eigenes Recht auf Umgang mit dem Kind. Das gilt nicht nur für die Großeltern und Geschwister, sondern auch für andere enge Bezugspersonen wie zum Beispiel den ehemaligen Lebensgefährten, der kein leiblicher Elternteil des Kindes ist. Voraussetzung hierfür ist allerdings, dass sie tatsächlich Verantwortung für das Kind tragen oder getragen haben (sozial-familiäre Beziehung). So soll insbesondere den modernen Patchwork-Familien Rechnung getragen werden.

Auch beim Umgangsrecht steht das Wohl des Kindes an oberster Stelle. Und für die Entwicklung eines Kindes ist es in aller Regel erforderlich, den Umgang mit dem jeweils andern Elternteil zuzulassen. Deshalb kann es sich sehr negativ auswirken, wenn Sie ständig das Umgangsrecht untergraben. Andererseits ist es sehr schwierig, ein Umgangsrecht durchzusetzen. Der berechtigte Elternteil müsste mittels Gerichtsvollzieher und gegebenenfalls Polizei das Kind zwangsweise von dem anderen Elternteil wegholen, um sein nicht erhaltenes Umgangsrecht zu bekommen. Das macht in der Regel – vor allem aus Rücksicht auf das Kind – niemand.

Trotzdem ist es nicht zu empfehlen, das Umgangsrecht des andern Elternteils zu boykottieren. Versuchen Sie, sich an getroffene Vereinbarungen zu halten, und ermöglichen Sie eine Übergabe der Kinder mit entsprechender Ausrüstung (Kleidung, Zahnbürste etc.) zum vereinbarten Abholtermin. Sie sind jedoch nicht verpflichtet, unangemessen lange zu warten. Sollte Ihr getrennt lebender/geschiedener Partner ständig unpünktlich sein, so können Sie ohne Bedenken eine halbe Stunde nach dem vereinbarten Zeitpunkt das Haus verlassen. Aber auch hier sollten Sie im Interesse der Kinder versuchen, mit dem anderen Elternteil eine vernünftige Regelung zu finden. Empfohlen wird ein 14-tägiges Umgangsrecht von entweder Freitagabend 18.00 Uhr oder

Samstagmorgen 9.00 Uhr bis Sonntagabend 18.00 Uhr. Die Gerichte legen üblicherweise eine dementsprechende Umgangsregelung fest. Zu der Wochenendregelung wird zudem eine Feiertags- und Ferienregelung getroffen. Bei kleineren Kindern wird die Verweildauer häufig auf einen Tag alle zwei Wochen, gegebenenfalls auch nur auf einige Stunden festgesetzt.

ACHTUNG

Haben Sie das Umgangsrecht zu gewähren, so halten Sie die Kinder bitte zur vereinbarten Abholzeit bereit und seien Sie zur vereinbarten Rückbringzeit wieder zu Hause. Sind Sie der Elternteil, dem das Umgangsrecht zusteht, der sogenannte Umgangsberechtigte, so halten Sie sich an vereinbarte Abhol- und Bringzeiten.

Dem Elternteil, bei dem das Kind nicht ständig lebt, steht grundsätzlich das Recht zu, das Kind allein zu sehen und zu sich zu nehmen. Es besteht auch die Berechtigung, das Kind mit zu den Großeltern und sonstigen Verwandten und Bekannten zu nehmen. Darin eingeschlossen ist das Recht, das Kind zum neuen Lebenspartner mitzunehmen. Allerdings immer nur so lange und soweit es dem Kindeswohl nicht schadet.

Ältere Kinder (im fortgeschrittenen Teenie-Alter) gestalten ihr Umgangsrecht mit dem anderen Elternteil meist selbst und stimmen die Termine mit ihren eigenen ab. Nicht selten lehnen sie eine strikte Umgangsregelung ab. Und es hat keinen Sinn, die Kinder zu irgendetwas zu zwingen. Allerdings sollten Sie beide die Besuchskontakte fördern und ermöglichen.

Leider kommt es immer wieder vor, dass der verlassene Elternteil versucht, den anderen Elternteil bei den Kindern schlecht zu machen oder die Besuchskontakte zu verhindern. Im Rahmen des neuen Kindschaftsreformgesetzes können allerdings Zwangsmittel gegen den Elternteil angeordnet werden, der den Kontakt bewusst blockiert. Als Zwangsmittel kommen Zwangsgeld, Zwangshaft und die Anwendung von Gewalt (bei der Herausgabe einer Person) in Betracht. Bei der Auswahl des Zwangsmittels muss das Gericht den Verhältnismäßigkeitsgrundsatz beachten. In besonders schwerwiegenden Fällen kann dies sogar zum Sorgerechtsentzug führen.

Das Umgangsrecht wird in aller Regel so ausgeübt, dass Sie als Umgangs-berechtigter/-verpflichteter die Kinder abzuholen und zurückzubringen haben. Für die Ausübung des Umgangsrechts können so sehr hohe Kosten entstehen, insbesondere dann, wenn große Entfernungen zu überwinden sind.

Tipp: Bisher konnten die Kosten für die Ausübung des Umgangsrechts steuer-lich nicht geltend gemacht werden. Aufgrund einer neuen Finanzgerichtsent-scheidung (Finanzgericht Hessen) können Sie diese Kosten jedoch nunmehr als außergewöhnliche Belastungen (Sonderausgaben) in Ihrer Einkommensteu-ererklärung ansetzen. Diese Entscheidung ist allerdings noch nicht vom Bun-desfinanzgerichtshof bestätigt worden.

Umgangsregelungen im internationalen Recht

Immer mehr Ehen werden mit einem ausländischen Partner geschlossen. Ge-hen aus einer solchen Partnerschaft Kinder hervor, so werden die zu regelnden Umgangsrechtskonflikte durch die komplizierte und teils unvollständige Ma-terie der internationalen Regelungen noch viel schwieriger.

Zudem kommt es leider sehr häufig vor, dass der ausländische Partner ver-sucht, die Kinder ins Ausland zu bringen. Zwar besteht mit einigen Staaten ein sogenanntes Rückführungsabkommen und damit – zumindest theoretisch – die Möglichkeit, das Kind wieder zurückzuholen, besser ist jedoch, Sie ergrei-fen rechtzeitig Schutzmaßnahmen.

Steht eine Trennung mit einem ausländischen Partner im Raum und ist zu befürchten, dass er zusammen mit den Kindern zurück in sein Heimatland möchte, so sollten Sie die Pässe der Kinder an sich nehmen und unverzüglich einen Antrag auf Übertragung des Aufenthaltsbestimmungsrechts auf Sie stel-len beziehungsweise einen Anwalt aufsuchen, der sofort entsprechende Schutzmaßnahmen bei Gericht erwirkt. Allerdings muss ein konkreter An-haltspunkt vorliegen, dass Ihr Ehepartner die Kinder ins Ausland verbringen möchte. Es ist zumindest erforderlich, dass der Elternteil, bei dem die Kinder nicht dauerhaft leben, der sogenannte Umgangselternteil, mit einer solchen Entführung gedroht, beziehungsweise früher einmal eine Entführung ver-sucht hat, oder dass eine Streitigkeit um die Rückführung des Kindes besteht.

MUSTER

Antrag auf Übertragung des Aufenthaltsbestimmungsrechts mit Anweisung an die Grenzbehörden, die Ausreise des Kindes zu verhindern

Hauptsacheantrag auf Übertragung des Aufenthaltsbestimmungsrechts und Antrag auf Erlass einer vorläufigen Anordnung

(Ihr Name, Adresse)
– Antragsteller–

gegen

(Name des Ehepartners, Adresse)
– Antragsgegner –

Namens und im Auftrag des Antragstellers beantrage ich:

1. Das Aufenthaltsbestimmungsrecht für die gemeinsame Tochter der Parteien Jana, geb. am 1.2.2002, zu übertragen. *(Name und Geburtstag des Kindes sind frei erfunden und entsprechend abzuändern.)*
2. Dem Antragsgegner wird aufgegeben, das gemeinsame Kind der Parteien, Jana, geb. am 1.2.2002, an den Antragsteller herauszugeben.
3. Dem Antragsgegner (und gegebenenfalls jeder dritten Person, bei der sich das Kind aufhält) wird untersagt, das Kind außerhalb der Grenzen der Bundesrepublik Deutschland zu verbringen.
4. Die Grenzbehörden der Bundesrepublik Deutschland und die Behörden der Schengener Vertragsstaaten werden im Wege der Amtshilfe ersucht, die Ausreise des Kindes zu verhindern.
5. Der zuständige Gerichtsvollzieher wird durch das Gericht beauftragt, das Kind Jana dem Antragsgegner wegzunehmen und dem Antragsteller zuzuführen. Er hat dabei für die Anwesenheit eines Mitarbeiters des zuständigen Jugendamtes zu sorgen § 50 I 2 KJHG SGB VIII).

6. Der Gerichtsvollzieher wird ermächtigt, zur Durchsetzung der Kindesherausgabe Gewalt anzuwenden, gegebenenfalls die Wohnung zu durchsuchen und Polizeikräfte zu seiner Unterstützung heranzuziehen.

Die Zwangsvollstreckung aus diesem Beschluss findet ohne Erteilung einer Vollstreckungsklausel statt (§ 16 I FGG).

Weiterhin beantrage ich, im Wege der vorläufigen Anordnung wegen der Dringlichkeit der Sache ohne vorherige mündliche Verhandlung zu beschließen

(Wiederholung des Antrags)

Begründung:

(Hier sind der jeweilige Sachverhalt und die Gefährdung genau darzulegen und die geplante Verbringung mittels Zeugen beziehungsweise mittels eidesstattlicher Versicherung zu bestätigen. Die Rechtspfleger sind bei Antragstellung behilflich.)

Ein entsprechend gerichtlich gefasster Beschluss ist an die
Grenzschutzdirektion Koblenz
Roonstraße 13, 56068 Koblenz
Tel.: 02 61 / 39 92 15/16
Fax: 02 61 / 32 99 218
zu übersenden. Am besten teilen Sie dem Gericht die Adresse der Grenzschutzdirektion gleich mit.

Ausschluss des Umgangsrechts

Ein kompletter Ausschluss des Umgangsrechts kommt nur in Ausnahmesituationen in Betracht, zum Beispiel
• bei negativer religiöser Beeinflussung des Kindes;

• bei Sucht eines Elternteils, die zur Traumatisierung des Kindes geführt hat;
• wenn ein Umgangsberechtigter seit Jahren keinen Kontakt mehr zu seinem Kind gesucht hat;
• wenn sich der Umgangsberechtigte in Strafhaft befindet.

Kommt ein kompletter Ausschluss nicht in Betracht und kann trotzdem kein Regelumgang gewährt werden, so besteht auch die Möglichkeit eines beschützten Umgangs. Bei dieser Form des Umgangs hat der getrennte Partner die Möglichkeit, die Kinder im Beisein eines Jugendamtsmitarbeiters oder sonstigen mitwirkungsberechtigten Dritten zu sehen. Als dritte Personen kommen insbesondere ein Träger der Jugendhilfe oder ein entsprechender Verein in Betracht. Es können aber auch dem Kind vertraute Personen, beispielsweise die Großeltern, sein. Begleiteter Umgang kommt insbesondere bei einer Neuanbahnung des Umgangsrechts in Betracht.

ACHTUNG

Achten Sie darauf, nach einer Trennung schnellstmöglich eine Umgangsregelung zu finden. Gerade bei kleinen Kindern besteht sonst sehr rasch die Gefahr der Entfremdung.

Das Cochemer Modell

An dieser Stelle möchte ich Sie noch einmal eindringlich davor warnen, Ihre Kinder als Spielball in Ihrer Auseinandersetzung zu missbrauchen. Machen Sie sich bewusst, dass ständige Konflikte zwischen Ihnen und Ihrem Partner für deren Entwicklung schädlich sind.

Um einen Familienkonflikt im Interesse sämtlicher Beteiligter möglichst zügig beizulegen, wurde das sogenannte Cochemer Modell eingeführt. Es sieht vor, dass die Rechtsanwälte, die Erziehungs- und Lebensberatungsstellen, das Familiengericht, Mediatoren und andere Gutachter, das Jugendamt sowie weitere Beteiligte konsequent kooperativ miteinander umgehen:
• Rechtsanwälte verzichten auf konfliktverschärfende Schriftsätze und beschränken sich in verfahrensleitenden Schriftsätzen auf den wesentlichen Sachvortrag, der die Tatbestandsmerkmale aufzeigt.

- Familienrichter verpflichten sich, schnell zu terminieren (innerhalb von 14 Tagen nach Antragseingang).
- Berater von Beratungsstellen verpflichten sich, innerhalb von 14 Tagen einen Gesprächstermin an die beteiligten Eltern zu vergeben.
- Mitarbeiter des sozialen Dienstes der Jugendämter verpflichten sich, jeden Gerichtstermin wahrzunehmen, und verzichten auf Stellungnahmen in schriftlicher Form.
- Sachverständige verpflichten sich zu lösungsorientiertem Arbeiten.

Das Ziel des Cochemer Modells ist, eine schnelle Kindeswohlentscheidung unter Beteiligung der betroffenen Kinder sowie deren Eltern und der verschiedenen Professionen herbeizuführen.

Tipp: Erkundigen Sie sich beim zuständigen Jugendamt und gegebenenfalls bei Ihrem Anwalt, ob es ein vergleichbares Modell in Ihrer Region gibt. Sollte dies nicht der Fall sein, rate ich Ihnen, nach dem Cochemer Modell zu verfahren.

Das Ehewohnungszuweisungsverfahren

Bei einer Trennung stellt sich die Frage, wer von den beiden Ehepartnern die bisher gemeinsame Wohnung, die Ehewohnung, weiter nutzen darf. Auch hier sollten Sie – trotz aller Differenzen – immer versuchen, eine vernünftige und einvernehmliche Einigung zu erzielen, insbesonderedann, wenn Kinder vorhanden sind, die durch einen Verlust der vertrauten Umgebung zusätzlich verunsichert werden würden.

Zuweisung durch das Gericht

Sind Sie nicht in der Lage, eine Einigung zu erzielen, muss das Gericht entscheiden, wer von Ihnen die Wohnung/das Haus weiter nutzen darf. Es spielt hierbei keine Rolle, wer den Mietvertrag unterschrieben hat oder wer Eigentümer der Wohnung/des Hauses ist. Auch wenn nur Ihr Ehepartner den Mietvertrag unterschrieben hat, kann das Gericht Ihnen und den Kindern die Wohnung zur alleinigen Nutzung zuweisen. Entscheidend ist, welche Zustände im Einzelfall herrschen. Das Gericht wird die eheliche Wohnung nämlich nur dann einem der beiden Ehepartner allein überlassen, wenn zwischen den Parteien untragbare Zustände herrschen. Dies ist beispielsweise der Fall, wenn die Wohnung deutlich zu klein ist, um darin ein Getrenntleben durchzuführen, oder wenn das Zusammenleben aufgrund des Verhaltens eines Ehepartners dem anderen nicht mehr zugemutet werden kann. Das heißt, ein weiteres Zusammenleben in der Wohnung muss für Sie oder die gemeinsamen Kinder eine »schwere Härte« bedeuten.

Tipp: Die Gründe für den Anspruch auf alleinige Nutzung der bisher gemeinsamen Wohnung sind konkret darzulegen. Die einzelnen Vorfälle sind genau nach Zeit, Ort und Umständen anzugeben, damit das Gericht die notwendige Interessenabwägung zwischen den Belangen der beiden streitenden Ehepartner sachgerecht vornehmen kann.

Eine solche liegt vor, wenn Ihr Ehepartner Sie oder die Kinder misshandelt (siehe Gewaltschutzgesetz, Seite 55 ff.), ständig betrunken ist, Drogen konsumiert oder Sie beschimpft und beleidigt. Allerdings ist das in der Regel nur schwer zu beweisen, da die Auseinandersetzungen sich meist nicht vor Zeugen abspielen. Deshalb kann es unter Umständen sinnvoll sein, selbst aus der Wohnung auszuziehen.

Tipp: Wenn das Verhalten Ihres Ehepartners ein Zusammenleben unmöglich macht, sollten Sie umgehend handeln und gegebenenfalls anwaltliche und gerichtliche Hilfe in Anspruch nehmen. Unter bestimmten Voraussetzungen müssen Sie die Eilbedürftigkeit nachweisen. Wenn Sie einen belastenden Umstand über einen längeren Zeitraum hinnehmen, kann das Gericht unterstellen, dass für Sie keine »schwere Härte« gegeben ist, die eine Wohnungszuweisung rechtfertigt.

Eine unbillige Härte kann auch dann gegeben sein, wenn das Wohl der im Haushalt lebenden Kinder beeinträchtigt ist. Das Wohl der Kinder findet gerade bei der Ehewohnungszuweisung sehr starke Berücksichtigung. Die Kinder werden, wie schon mehrfach erwähnt, bereits durch die Trennung der Eltern beeinträchtigt, sodass man ihnen wenigsten die gewohnte Umgebung erhalten möchte. Der Ehepartner, der die Kinder betreut, hat sehr gute Chancen, auch die Ehewohnung zugewiesen zu bekommen.

ACHTUNG

Sollten Sie als betreuender Elternteil beabsichtigen, mit den Kindern aus der Wohnung auszuziehen, ist Vorsicht geboten. Sie dürfen die Kinder grundsätzlich nicht ohne die Zustimmung des Ehepartners aus der Ehewohnung mitnehmen.

Ist Ihr Ehepartner freiwillig aus der Wohnung ausgezogen, sollten Sie dies schriftlich dokumentieren und darauf achten, dass sich sämtliche Schlüssel in Ihrem Besitz befinden. Andernfalls wechseln Sie umgehend das Schloss der Wohnung aus, um zu verhindern, dass Ihr Ehepartner ein und aus geht, wie es ihm beliebt. Sie können so auch verhindern, dass er in Ihrer Abwesenheit Dokumente oder Hausrat, die/den Sie benötigen, ohne Ihre Zustimmung entfernt. Liegt keine schriftliche Einigung vor, laufen Sie Gefahr, dass sich Ihr Ehegatte den Zugang zur Wohnung wieder erstreitet. Eheleute haben grundsätzlich einen Anspruch, die Ehewohnung zu nutzen, solange keine andere Regelung vorliegt.

Was Sie beim Auszug bedenken sollten

Wohnen Sie in einer Mietwohnung und ziehen aus der gemeinsamen Wohnung aus, so ist es ganz wichtig, mit dem Vermieter schriftlich zu vereinbaren, dass Sie aus allen Verpflichtungen des Mietvertrags entlassen werden. Versäumen Sie dies, so haften Sie weiterhin neben Ihrem Ehepartner für Miete, Nebenkosten, Renovierung und Instandhaltung. Sollte Ihr Ehegatte seinen Verpflichtungen aus dem Mietvertrag nicht nachkommen und zum Beispiel die Miete nicht bezahlen, so kann der Vermieter die Miete auch für die Zeit nach Ihrem Auszug von Ihnen verlangen. Haben beide Ehegatten den Mietvertrag unterschrieben und existiert nach der Trennung keine Vereinbarung mit dem Vermieter, so kann dieser die komplette Miete etc. ausschließlich von Ihnen verlangen.

MUSTER

(Adresse)

Anpassung des Mietvertrags

Sehr geehrte(r) ...,

wir teilen Ihnen mit, dass wir uns seit dem ... getrennt haben. Wir sind uns einig, dass der Ehepartner XY (mit den Kindern) in der Wohnung verbleibt.
Wir bitten Sie daher um Ihre Zustimmung zur Änderung des Mietverhältnisses und um eine Terminvereinbarung, damit der Mietvertrag entsprechend angepasst werden kann.

Mit freundlichen Grüßen

Sollte der Vermieter nicht bereit sein, Sie aus dem gemeinsamen Vertrag zu entlassen und ein alleiniges Mietverhältnis mit Ihrem Ehepartner zu begründen, können Sie Ihre Entlassung aus dem Mietvertrag auch gerichtlich durchsetzen.

Leben Sie in einer Wohnung oder in einem Haus, das Ihrem Ehepartner beziehungsweise Ihnen beiden gehört, so wird Ihnen ein sogenannter Vorteil mietfreien Wohnens zugerechnet. Ihr Unterhaltsbedarf ist somit in Höhe eines Betrags, der einer vergleichbaren Miete entspricht, bereits gedeckt. Ihr Ehepartner muss dann nur noch einen um diesen Betrag verringerten Trennungsunterhalt zahlen. Die Grenze liegt während der Trennungszeit bei einem Betrag, den Sie üblicherweise für eine Ihren Lebens- und Einkommensverhältnissen angemessene Wohnung aufwenden müssten. Der hier anzusetzende Betrag kann je nachdem, wo Sie in Deutschland wohnen, sehr unterschiedlich sein. Um den vollen Unterhalt zu bekommen, kann es deshalb ratsam sein, ebenfalls aus der Ehewohnung auszuziehen und in eine preiswertere Wohnung umzuziehen.

Ist nur einer der Ehegatten Mieter der Wohnung und kündigt er das Mietverhältnis, obwohl der andere in der Wohnung bleiben möchte, so kann das Gericht ein neues Mietverhältnis mit dem Vermieter begründen, und zwar auch rückwirkend. Der Vermieter muss dies grundsätzlich hinnehmen. Es versteht sich allerdings von selbst, dass dies nur möglich ist, wenn die Miete tatsächlich bezahlt wird.

Die Hausratsauseinandersetzung

Auch bei der Auflösung des gemeinsamen Haushaltes, der Hausratsauseinandersetzung, gibt es keine großen Unterschiede zwischen der Trennungszeit und der Scheidung, weshalb das Thema ebenfalls an dieser Stelle abschließend behandelt wird.

Hausrat sind diejenigen Gegenstände, welche die Ehegatten für ihr tägliches Zusammenleben benötigen, zum Beispiel Möbel, Geschirr, Wäsche oder Ähnliches. Nicht zum Hausrat zählen dagegen persönliche Gegenstände wie beispielsweise Schmuck oder Arbeitsmittel. Bei einem Musikinstrument kann es sich so je nach Nutzungsart um einen Hausratgegenstand handeln oder nicht. Wenn das Musikinstrument von allen oder mehreren Familienmitgliedern genutzt wird, wird es sich eher um einen Hausratgegenstand handeln, als wenn es nur von einem Familienmitglied gespielt wird. Wertvolle Objekte wie Antiquitäten oder Teppiche können je nach Lebensumständen entweder Hausrat sein oder Vermögen. Wenn die Einrichtung hauptsächlich aus wertvollen Dingen besteht, wird es sich eher um Hausrat handeln. Gibt es nur vereinzelt solche Gegenstände, wird es sich eher um Vermögensgegenstände handeln. In diesem Fall erfolgt die Auseinandersetzung nach dem Güterstand (siehe Zugewinnausgleichsverfahren, Seite 98ff).

Wer bekommt was?

Grundsätzlich gilt, dass die Gegenstände, die einem Ehegatten gehören, auch bei diesem verbleiben sollen. Nur ausnahmsweise kann das Eigentum des einen Ehegatten im Rahmen eines Hausratverfahrens dem anderen Ehegatten zugewiesen werden, wenn dieser zur Führung seines Haushaltes darauf angewiesen ist. Es müsste sich dann aber um eine besondere Härte handeln. Dies kann zum Beispiel dann gegeben sein, wenn ein Ehepartner die Waschmaschine benötigt, aber aufgrund seiner finanziellen Verhältnisse nicht in der Lage ist, ein neues Gerät zu kaufen – während das für den anderen Ehepartner, dem der Gegenstand eigentlich gehört, kein Problem darstellt.

ACHTUNG

Benötigen Sie dringend einen Gegenstand aus dem bisherigen gemeinsamen Haushalt, sind aber nicht dessen Eigentümer, müssen Sie darlegen, dass es eine unzumutbare Härte wäre, diesen an Ihren Ehepartner herauszugeben.

Einigung unmöglich

Werden Sie sich mit Ihrem Ehepartner nicht über die Verteilung des gemeinschaftlichen Hausrats einig, können Sie – gegebenenfalls auch schon während der Zeit des Getrenntlebens – eine gerichtliche Aufteilung anstreben. Der Familienrichter entscheidet hier nach billigem Ermessen und hat einen sehr weiten Entscheidungsspielraum. Berücksichtigen muss er unter anderem das Wohl der Kinder, Erfordernisse der neuen Lebensführung (zum Beispiel Nähe der Wohnung zu Schule und Arbeitsplatz) sowie die Einkommensverhältnisse.

Im Rahmen dieses Hausratsverfahrens können Eigentumsansprüche festgestellt werden. Sollte Ihr Ehepartner sich weigern, Gegenstände herauszugeben, die Ihnen gehören, können Sie dies ebenfalls im Hausratsverfahren gerichtlich klären lassen. Sie müssen dann allerdings beweisen, dass es sich um Ihr Eigentum handelt.

Tipp: Grundsätzlich gilt, dass Sie das Eigentum an denjenigen Gegenständen behalten, die Sie mit in die Ehe gebracht haben. Auch wenn einer dieser Gegenstände aufgrund von Abnutzung durch einen neuen ausgetauscht wird, bleibt Ihr Eigentum daran in der Regel erhalten.

Sie können das Hausratsverfahren aber auch im Rahmen des Scheidungsverfahrens anhängig machen, damit zeitgleich mit der Scheidung über den Hausrat entschieden wird. Sie haben darüber hinaus die Möglichkeit, ein isoliertes Hausratsverfahren durchzuführen, in dem der Hausrat erst nach Rechtskraft der Scheidung endgültig verteilt wird.

Aus Kostengründen kann es sinnvoll sein, eine mögliche Hausratsauseinandersetzung zusammen mit der Scheidung durchzuführen (siehe Ausführungen zu den Kosten, Seite 116f.).

Der Kindesunterhalt nach derzeitigem Recht

Das Unterhaltsrecht – und damit auch der Kindesunterhalt, der bei Scheidung und Trennung jeweils gleich behandelt wird – ist wohl der schwierigste Teil der gesamten Familienauseinandersetzung. Die Unterhaltsberechnungen sind kompliziert und sollten deshalb auf jeden Fall von einem Anwalt geprüft werden. Eine anwaltliche Prüfung ist nur dann nicht unbedingt notwendig, wenn lediglich der Kindesunterhalt zur Diskussion steht, da dieser mithilfe des zuständigen Jugendamts überprüft und festgesetzt wird. Aus Kostenminderungsgesichtspunkten sind Sie eventuell sogar verpflichtet, den Kindesunterhalt mithilfe des Jugendamts durchzusetzen. Wenn Ihr Ehepartner nicht bezahlt, haben Sie unter Umständen sofort einen Anspruch auf Leistungen aus der Unterhaltsvorschusskasse für Ihre Kinder. Das Jugendamt holt sich das Geld dann wieder bei Ihrem Ehegatten.

ACHTUNG

Versuchen Sie nicht, dem Umgangsberechtigten grundlos sein Umgangsrecht zu verwehren. Sie gefährden dadurch Ihre eigenen Unterhaltsansprüche. So hat das Oberlandesgericht Nürnberg bereits im Jahre 1994 entschieden, dass eine massive und schuldhafte Vereitelung des Umgangsrechts in gravierenden Fällen zu einer Herabsetzung des Unterhaltsanspruchs führen kann.

Steht fest, bei wem die Kinder leben, ist der andere Ehepartner verpflichtet, den Kindern gegenüber Unterhaltszahlungen zu leisten. Anders als beim Ehegattenunterhalt zahlen die Ex-Partner für den Kindesunterhalt in aller Regel gern. Erst wenn sie den Eindruck haben, dass die Kindesunterhaltszahlungen »zweckentfremdet« werden, oder das Umgangsrecht nicht gewährt wird, wird die Zahlungsbereitschaft geringer.

Unterhaltsbegriffe, die Sie kennen sollten

Um das Unterhaltsrecht besser verstehen zu können, ist es wichtig, folgende Begriffe zu kennen, die bei allen Unterhaltsberechnungen maßgeblich sind:
• **Bedarf** ist die »Summe« der unterhaltsrechtlich erheblichen laufenden Lebensbedürfnisse, also zum Beispiel Miete, Essen, Kleidung, Schulsachen etc.
• **Bedürftig** ist ein Mensch, wenn er nicht in der Lage ist, sich finanziell selbst zu unterhalten. Bedürftig ist der Unterhaltsberechtigte auch, soweit sein Bedarf nicht ausreichend gedeckt ist.
• **Leistungsfähigkeit:** Die Leistungsfähigkeit fehlt, wenn der Verpflichtete (meist der Vater) nach seinen Erwerbs- und Vermögensverhältnissen nicht in der Lage ist, den Berechtigten (in der Regel Frau und Kinder) Unterhalt zu bezahlen. Die sonstigen Verpflichtungen sind hierbei zu berücksichtigen, da der eigene Unterhalt des Verpflichteten gesichert sein muss.
• **Mangelfall:** Reicht das tatsächliche Einkommen nicht aus, um alle Unterhaltsverpflichtungen zu erfüllt, so spricht man von einem Mangelfall.
• **Selbstbehalt:** Dem Unterhaltsverpflichteten haben derzeit mindestens 900 Euro monatlich (der sogenannte Selbstbehalt) zu verbleiben. Entgegen der allgemeinen Auffassung liegt der Selbstbehalt deutlich unterhalb der sonstigen Pfändungsfreigrenzen. Arbeitet der Unterhaltsverpflichtete nicht, so liegt der Selbstbehalt sogar nur bei 770 Euro. Zudem ändert sich der Selbstbehalt je nach Unterhaltsberechtigtem. Bei volljährigen Kindern beträgt der angemessene Selbstbehalt in der Regel 1 100 Euro.
• **Unterhaltsrelevante Verteilungsmasse:** Zieht man vom bereinigten Nettoeinkommen den Selbstbehalt ab, ergibt sich die unterhaltsrelevante Verteilungsmasse. Nach der Höhe der jeweiligen Ansprüche wird eine entsprechende Quote für die Verteilung ermittelt.

BEISPIEL

Der unterhaltsverpflichtete Vater ist berufstätig und hat drei minderjährige Kinder und ein volljähriges Kind im Alter von 4 (A), 6 (B), 12 (C) und 18 (D) Jahren. Die Frau hat keinen Unterhaltsanspruch. Der Vater verdient 1500 Euro. Sein Selbstbehalt liegt gegenüber den minderjährigen Kindern bei 900 Euro und gegenüber dem volljährigen Kind bei 1100 Euro. Der Unterhaltsanspruch des 4-Jährigen beträgt 217 Euro, des 6-Jährigen 263 Euro, des 12-Jährigen 309 Euro und des 18-Jährigen 389 Euro.

Die unterhaltsrelevante Verteilungsmasse beträgt: 1500 Euro (bereinigtes Nettoeinkommen) − 1100 Euro (Selbstbehalt) = 400 Euro

Diese 400 Euro sind entsprechend den Quoten auf alle vier unterhaltsberechtigte Kinder aufzuteilen. Der Gesamtbedarf der Kinder liegt bei 1178 Euro (217 Euro + 263 Euro + 309 Euro + 389 Euro). Somit ergibt sich:

Kind A: 217,00 € : 1178,00 € x 400,00 € = 73,68 €
Kind B: 263,00 € : 1178,00 € x 400,00 € = 89,30 €
Kind C: 309,00 € : 1178,00 € x 400,00 € = 104,92 €
Kind D: 389,00 € : 1178,00 € x 400,00 € = 132,10 €

Unter den minderjährigen Kindern wird nun noch die Differenz zwischen 1100 Euro (Selbstbehalt gegenüber Volljährigen) und 900 Euro (Selbstbehalt gegenüber Minderjährigen) – also 200 Euro – quotenmäßig verteilt. Dabei wird auch hier der Gesamtbedarf der minderjährigen Kinder zugrunde gelegt, in diesem Fall 789 Euro (217 Euro + 263 Euro + 309 Euro):

Kind A: 217,00 € : 789,00 € x 200,00 € = 55,00 €
Kind B: 263,00 € : 789,00 € x 200,00 € = 66,67 €
Kind C: 309,00 € : 789,00 € x 200,00 € = 78,33 €

Ergebnis: Dem Vater verbleiben insgesamt 900 Euro. Kind A erhält 128,68 Euro (73,68 Euro + 55,00 Euro), Kind B 155,97 Euro (89,30 Euro + 66,67 Euro), Kind C 183,25 Euro (104,92 Euro + 78,33 Euro) und Kind D 132,10 Euro.

Die Unterhaltsansprüche sind für jeden Anspruchsberechtigten (minderjährige Kinder, Ehegatte, volljährige Kinder) gesondert zu berechnen und zu betrachten. Die Kinder haben stets einen eigenen Unterhaltsanspruch. Zu den Kindern zählen auch adoptierte Kinder, dagegen haben Pflegekinder keinen Unterhaltsanspruch.

Grundlage für die Berechnung des Kindesunterhalts ist die sogenannte Düsseldorfer Tabelle. Aus ihr kann man ablesen, wie hoch der Kindesunterhalt bei einem bestimmten Einkommen ist. Die Tabelle ist zudem in verschiedene Altersstufen eingeteilt, da der Unterhaltsbedarf der Kinder mit zunehmendem Alter steigt. Die Düsseldorfer Tabelle wurde entwickelt, um den Kindesunterhalt festlegen zu können. Sie wird alle zwei Jahre aktualisiert und an die veränderten Lebenshaltungskosten angepasst.

Darüber hinaus haben die Oberlandesgerichte Leitlinien erstellt, die für den jeweiligen Oberlandesgerichtsbezirk Gültigkeit haben. Die Süddeutschen Leitlinien gelten für die Oberlandesgerichtsbezirke Bamberg, Karlsruhe, München, Nürnberg, Stuttgart und Zweibrücken.

In den Leitlinien der Oberlandesgerichte ist bei der Düsseldorfer Tabelle ein sogenannter Bedarfskontrollbetrag zu beachten. Der Bedarfskontrollbetrag gewährleistet eine ausgewogene Verteilung des Einkommens zwischen den Beteiligten. Verbleibt dem Unterhaltsverpflichteten nach Abzug der Unterhaltsbeträge nicht mindestens der Bedarfskontrollbetrag, so hat eine Anpassung mit einer niedrigeren Einkommensgruppe zu erfolgen.

BEISPIEL

Der Vater verdient 2 100 Euro. Er ist drei Kindern gegenüber unterhaltsverpflichtet. A ist 11, B ist 14 und C 17 Jahre alt.

Die Unterhaltstabellenwerte sind: Für A 331 Euro, für B und C jeweils 389 Euro. Dies entspricht einem Gesamtunterhaltsbedarf der Kinder von 1 109 Euro, womit dem Vater 991 Euro bleiben.

Der Bedarfskontrollbetrag liegt jedoch bei 1 150 Euro, sodass eine Herabstufung erfolgt, damit er entsprechend seinem Einkommen Geld zur Verfügung hat.

Bei der Berechnung des Bedarfs der Kinder ist für die Einstufung das Einkommen des Unterhaltsverpflichteten ausschlaggebend. Das bedeutet, dass für Kinder von gut verdienenden Eltern ein höherer Bedarf errechnet wird, als sich für Kinder von weniger gut verdienenden Eltern ergibt. Auf diese Weise wird sichergestellt, dass die Kinder an den wirtschaftlichen Verhältnissen der Eltern teilhaben.

Die Ermittlung des unterhaltsrechtlichen Einkommens

Das unterhaltsrelevante Einkommen richtet sich zunächst nach den sieben Einkunftsarten des § 2 Einkommensteuergesetz:
• Einkünfte aus Landwirtschaft und Forsten
• Einkünfte aus Gewerbebetrieb
• Einkünfte aus selbstständiger Tätigkeit
• Einkünfte aus nichtselbstständiger Tätigkeit
• Einkünfte aus Kapital
• Einkünfte aus Vermietung und Verpachtung
• sonstige Einkünfte
Am einfachsten ist die Ermittlung des Einkommens wenn der Unterhaltsverpflichtete im Angestelltenverhältnis oder als Beamter (Einkünfte aus nichtselbstständiger Tätigkeit) tätig ist und sonst keinerlei Einkünfte hat. In diesem Fall ist das durchschnittliche Nettoeinkommen der letzten 12 Monate die Grundlage für die Unterhaltsberechnung. Zum Einkommen zählen Arbeitslosengeld, Arbeitslosenhilfe, Krankengeld und Renten. Weiterhin zählen zum Einkommen sämtliche Leistungen wie Urlaubs- und Weihnachtsgeld, Zulagen, Ortszuschlag, Kinderzuschüsse, Prämien, Überstundenvergütungen im Rahmen des Üblichen, Trinkgelder nach geschätzter Höhe sowie Sachbezüge (zum Beispiel Essensgeld, Fahrtkostenersatz).

Spesen, Auslösen und Reisekosten sind zwar Einkommen, decken meist aber nur die entstandenen Aufwendungen. Erstattungen von Reisekosten sind daher in der Regel nicht zum unterhaltsrechtlichen Einkommen zu zählen. Bei den Tagesspesen und Auslösen wird berücksichtigt, dass während einer reisebedingten Abwesenheit zu Hause keine Kosten für Lebensmittel etc. entstehen und es daher Ersparnisse bei den privaten Lebenshaltungskosten gibt. Sie sind deshalb je nach Leitlinie zur Hälfte beziehungsweise zu einem Drittel als Einkommen anzusetzen.

Abfindungen, beispielsweise für den Verlust des Arbeitsplatzes, und einmalige Zahlungen, zum Beispiel Jubiläumsgelder, sind je nach der konkreten Höhe auf einen bestimmten Zeitraum zu verteilen. Die Gerichte haben hierfür keinen einheitlichen Maßstab festgesetzt. Bei höheren Abfindungen wird der Verteilungszeitraum entsprechend größer bemessen sein. Sie stellen Ersatzeinkommen dar. Wird der Unterhaltsverpflichtete, nachdem er eine Abfindung oder sonstige Einmalzahlung erhalten hat, längerfristig arbeitslos, so ist die Abfindung Teil des unterhaltsrechtlichen Einkommens und soll so lange wie möglich gewährleisten, dass die Unterhaltsberechtigten ihren bisherigen Unterhalt weiter bekommen. Findet der Unterhaltsverpflichtete schnell wieder eine entsprechende Arbeit und verdient annähernd gleich, so verliert die Abfindung den Ersatzlohncharakter und ist nicht mehr als unterhaltsrechtliches Einkommen zu berücksichtigen. Sie verbleibt beim Unterhaltsverpflichteten.

Bei der nicht in Geld gewährten Entlohnung eines Angestellten/Beamten, den sogenannten Sachbezügen, ist die Überlassung eines Firmenwagens der häufigste und für die Bewertung schwierigste Fall. Der als unterhaltsrechtliches Einkommen zu berücksichtigende vermögenswerte Vorteil des Firmenwagens ist bei der Privatnutzung nicht identisch mit dem Gehaltsbestandteil der PKW-Nutzung. Der als unterhaltsrechtliches Einkommen anzurechnende Vorteil ist je nach Einzelfall entsprechend den Leistungen durch den Arbeitgeber (Steuer, Versicherung, Benzin usw.) zu schätzen. Die steuerliche Mehrbelastung beim Bruttoeinkommen, die sich durch die private Nutzung des Firmenfahrzeugs ergibt, ist einkommensmindernd zu berücksichtigen. Häufig wird deshalb ein Betrag in Höhe von 150 bis 300 Euro als zusätzliches Einkommen für angemessen angesehen. Zum Arbeitseinkommen zählen auch Steuererstattungen, die Sie in den letzten zwölf Monaten erhalten haben.

Die Einkünfte aus einer selbstständigen Tätigkeit sind wesentlich schwieriger zu ermitteln. Da es hier zu erheblichen Schwankungen kommen kann, ist das Durchschnittseinkommen während eines Zeitraums von drei Jahren als Basis für die Unterhaltsberechnung heranzuziehen. Allerdings muss der steuerrechtlich ermittelte Gewinn (Einkommen) noch lange nicht das unterhaltsrelevante Einkommen darstellen.

Tipp: Die Ermittlung des unterhaltsrelevanten Einkommens ist sehr komplex. Sie erfordert neben den entsprechenden familienrechtlichen Kenntnissen auch sehr gute steuerrechtliche Kenntnisse. Achten Sie bei der Wahl Ihres Anwalts deshalb darauf, das er sowohl im Familienrecht als auch im Steuerrecht über ausreichend Fachwissen und Erfahrung verfügt.

Das bereinigte Nettoeinkommen

Das bereinigte Nettoeinkommen erhält man, wenn man vom Bruttoeinkommen nicht nur die Einkommen- und Kirchensteuer abzieht, sondern noch weitere unterhaltsrechtlich relevante Abzüge vornimmt. Zum Beispiel:
• Vorsorgeaufwendungen für Alter
• Vorsorgeaufwendungen für Krankheit
• berufsbedingte Aufwendungen Nichtselbstständiger
• berücksichtigungswürdige Schulden (Darlehenstilgung und -zins für das Eigenheim)

Der Wohnwert

Wohnt der Unterhaltsverpflichtete im eigenen Haus und zahlt dort keine Miete, hat er dadurch Vorteile. Das Unterhaltsrecht berücksichtigt diese Tatsache, indem das unterhaltsrechtliche Einkommen um die Durchschnittsmiete für ein vergleichbares Haus (= übliche Vergleichsmiete in der Region) erhöht wird. Näheres regeln im Zweifel die einzelnen Leitlinien der Oberlandesgerichte (siehe Seite 153f.).

Vorsorgeaufwendungen

Zu den berücksichtigungsfähigen (einkommensmindernden) Vorsorgeaufwendungen zählen Beiträge zur Renten-, Kranken- und Pflegeversicherung sowie zur Arbeitslosenversicherung. Diese Beträge werden beim Arbeitnehmer direkt vom Einkommen einbehalten und vom Arbeitgeber abgeführt. Da die gesetzliche Rentenversicherung jedoch derzeit keine ausreichende Vorsorge für das Alter mehr darstellt, sind zusätzliche private Rentenbeiträge ebenfalls (einkommensmindernd) zu berücksichtigen.

ACHTUNG

Die zusätzlichen privaten Rentenbeiträge dürfen allerdings nicht unverhältnismäßig sein. Es ist nicht zulässig, sich zulasten berechtigter Unterhaltsansprüche eine »Luxusrente« anzusparen.

Haben Sie neben Ihrer Lebensversicherung keine andere Rentenvorsorge getroffen, sind die Beiträge zu berücksichtigen, sofern Sie sich in einem angemessenen Rahmen bewegen. Darüber hinaus können Lebensversicherungsbeiträge nur dann einkommensmindernd berücksichtigt werden, wenn gewährleistet ist, dass sämtliche Mindestunterhaltsbedarfssätze bezahlt werden können. Auch hier gilt: Eine Vermögensanhäufung zulasten der Unterhaltsberechtigten ist nicht möglich.

Berufsbedingte Aufwendungen

Aufwendungen für die Ausübung der Arbeitstätigkeit, die vom Arbeitgeber oder Dritten nicht erstattet werden, mindern – genau wie die Vorsorgeaufwendungen – das unterhaltsrechtliche Einkommen. Beim Nichtselbstständigen sind dies hauptsächlich die Fahrtkosten sowie Arbeitsmittel, Berufskleidung, Arbeitsmaterialien, Beiträge zu Berufsverbänden, Kinderbetreuungskosten etc.

Für die Fahrten zwischen der Wohnung und dem Arbeitsplatz besteht unterhaltsrechtlich die Verpflichtung, soweit wie möglich öffentliche Verkehrsmittel zu benutzen. Benötigt der Unterhaltsverpflichtete das Fahrzeug für Dienstreisen oder besteht nicht die Möglichkeit, öffentliche Verkehrsmittel zu nutzen, müssen die Fahrtkosten konkret berechnet werden. Dazu werden von den Oberlandesgerichten zwischen 0,22 Euro und 0,30 Euro pro Kilometer berücksichtigt. Erkundigen Sie sich gegebenenfalls, welche Sätze in Ihrem OLG-Bezirk gelten.

BEISPIEL

Die Arbeitsstätte des Unterhaltsverpflichteten liegt 20 km von seinem Wohnort entfernt. Damit ergibt sich folgende Rechnung: 2 x 20 km x 0,30 Euro (0,22 Euro) x 220 Arbeitstage (bei Lehrern 180 Arbeitstage) : 12 Monate = 220 Euro.

Ergebnis: Der Unterhaltsverpflichtete kann berufsbedingte Aufwendungen in Höhe von 220 Euro pro Monat geltend machen.

Wohnen Sie sehr weit von Ihrem Arbeitsplatz entfernt und sind die Unterhaltszahlungen nicht entsprechend gesichert, kann von Ihnen verlangt werden, dass Sie umziehen. Andernfalls wird Ihnen nur eine Pauschale in Höhe von 5 Prozent des Nettoeinkommens zuerkannt. Diese Pauschale gilt auch für den Fall, dass keine konkreten Kosten nachgewiesen werden.

Mit dieser Pauschale beziehungsweise dem Kilometergeld sind sämtliche Kosten (Anschaffungskosten, Reparaturkosten, Steuern, Versicherung, Benzin) abgedeckt. Fahren Sie einen Firmenwagen, dürfen Sie keine Fahrtkostenaufwendungen als berufsbedingte Aufwendungen geltend machen (Oberlandesgericht Stuttgart, Urteil vom 11.12.2003, FamRZ Zeitschrift für das gesamte Familienrecht 2004, Seite 1109).

Berücksichtigungsfähige Schulden

Schulden, die schon während der Ehe bestanden haben und weiterhin vom Unterhaltsverpflichteten bezahlt werden, können in der Regel vom unterhaltsrechtlichen Einkommen abgezogen werden, da sie auch bereits während der Ehe die finanziellen Verhältnisse (= eheliche Lebensverhältnisse) der Familie/des Paares eingeschränkt haben. Relativ häufig werden auch Darlehensverbindlichkeiten für ein gemeinsames Eigenheim vom Unterhaltsverpflichteten allein getragen. Diese Zahlungen wirken sich dann ebenfalls unterhaltsmindernd aus. Verbindlichkeiten, die erst nach der Trennung/Scheidung eingegangen wurden, können normalerweise nicht unterhaltsmindernd angesetzt werden.

Ihr Anspruch auf Auskunft

Es besteht ein gesetzlicher Auskunftsanspruch, wenn Sie nicht wissen, was für ein Einkommen der Unterhaltsverpflichtete hat. Diesen Anspruch können Sie gegebenenfalls auch gerichtlich durchsetzen.

Tipp: Tragen Sie sich mit dem Gedanken, sich zu trennen, ist es sinnvoll, Kopien von sämtlichen Dokumenten, zu denen Sie Zugang haben und aus denen sich die finanziellen Verhältnisse Ihres Ehepartners ergeben, zu machen. Kopieren Sie Einkommensnachweise, Steuerbescheide, Bilanzen, Kontoauszüge, Auszüge von Wertpapierdepots etc. Dies kann bei der Durchsetzung der Unterhaltsansprüche sehr hilfreich sein. Sie sollten diese Kopien dann allerdings nicht unbedingt zu Hause aufbewahren!

Ermittlung des Unterhalts anhand der Düsseldorfer Tabelle

Stehen das unterhaltsrelevante Einkommen beziehungsweise das bereinigte Nettoeinkommen des Unterhaltsverpflichteten fest, so wird der Bedarf des Kindes nach der Düsseldorfer Tabelle (siehe Seite 40) beziehungsweise der Berliner Tabelle (siehe Anhang, Seite 154ff.) ermittelt. Die Tabellen gehen grundsätzlich von drei gleichzeitig Unterhaltsberechtigten aus (Mutter und zwei Kinder). Ändert sich die Anzahl der Unterhaltsberechtigten, so ist gegebenenfalls eine Höher- beziehungsweise Herabstufung vorzunehmen. Die Werte der Düsseldorfer Tabelle beinhalten bereits einen Mietkostenanteil für die Kinder. Dieser wird nicht separat ausgewiesen. Im mittleren Einkommensbereich wird von einem Wohnkostenanteil von 20 Prozent ausgegangen.

Übersicht: **Düsseldorfer Tabelle**

Nettoeinkommen des Barunterhaltspflichtigen		Altersstufen in Jahren				Vom-hundert-satz	Bedarfs-kontroll-betrag
		0–5	6–11	12–17	ab 18		
1.	bis 1 300	202	245	288	389	100	770/900
2.	1 300–1 500	217	263	309	389	107	950
3.	1 500–1 700	231	280	329	389	114	1 000
4.	1 700–1 900	245	297	349	401	121	1 050
5.	1 900–2 100	259	314	369	424	128	1 100
6.	2 100–2 300	273	331	389	447	135	1 150
7.	2 300–2 500	287	348	409	471	142	1 200
8.	2 500–2 800	303	368	432	497	150	1 250
9.	2 800–3 200	324	392	461	530	160	1 350
10.	3 200–3 600	344	417	490	563	170	1 450
11.	3 600–4 000	364	441	519	596	180	1 550
12.	4 000–4 400	384	466	548	629	190	1 650
13.	4 400–4 800	404	490	576	662	200	1 750
14.	über 4 800	nach den Umständen des Falls					

Die offiziellen Anmerkungen zur Düsseldorfer Tabelle finden Sie im Anhang (siehe Seite 152ff.).

Die Kindergeldanrechnungstabelle (West) 1. Juli 2007

Die Kindergeldanrechnungstabelle gibt Auskunft über die Anrechnung des Kindergelds. Befinden Sie sich als Unterhaltsschuldner in der ersten bis fünften Einkommensgruppe, kann das Kindergeld nur anteilig in Abzug gebracht werden. Obwohl kein Mindestunterhalt definiert ist, sollen den Kindern entsprechende Minimalbeträge zur Verfügung stehen. Das Kindergeld beträgt vom ersten bis zum dritten Kind 154 EUR und ab dem vierten Kind 179 EUR.

Übersicht: **Anrechnung des (hälftigen) Kindergeldes für das 1. bis 3. Kind von je 77 Euro**

Einkommensgruppe	1–5 Jahre	6–11 Jahre	12–17 Jahre
1 = 100%	202 – 6 = 196	245 – 0 = 245	288 – 0 = 288
2 = 107%	217 – 21 = 196	263 – 9 = 254	309 – 0 = 309
3 = 114%	231 – 35 = 196	280 – 26 = 254	329 – 17 = 312
4 = 121%	245 – 49 = 196	297 – 43 = 254	349 – 37 = 312
5 = 128%	259 – 63 = 196	314 – 60 = 254	369 – 57 = 312
6 = 135%	273 – 77 = 196	331 – 77 = 254	389 – 77 = 312

Übersicht: **Anrechnung des (hälftigen) Kindergeldes für das 4. Kind von 89,50 Euro**

Einkommensgruppe	0–5 Jahre	6–11 Jahre	12–17 Jahre
1 = 100%	202 – 18,50 = 183,50	245 – 3,50 = 241,50	288 – 0 = 288,00
2 = 107%	217 – 33,50 = 183,50	263 – 21,50 = 241,50	309 – 9,50 = 299,50
3 = 114%	231 – 47,50 = 183,50	280 – 38,50 = 241,50	329 – 29,50 = 299,50
4 = 121%	245 – 61,50 = 183,50	297 – 55,50 = 241,50	349 – 49,50 = 299,50
5 = 128%	259 – 75,50 = 183,50	314 – 72,50 = 241,50	369 – 69,50 = 299,50
6 = 135%	273 – 89,50 = 183,50	331 – 89,50 = 241,50	389 – 89,50 = 299,50

BEISPIEL

Der Vater eines 10-jährigen Sohnes und einer 13-jährigen Tochter hat ein unterhaltsrelevantes bereinigtes Nettoeinkommen von 1.700 Euro. Die Mutter hat keinen Anspruch auf Trennungsunterhalt. Nach der Düsseldorfer Tabelle beträgt der Unterhaltsanspruch für den Sohn 297 Euro und für die Tochter 349 Euro. Da jedoch nur 2 Unterhaltsberechtigte vorhanden sind, erfolgt eine Höherstufung um eine Einkommensgruppe, sodass sich der Tabellenunterhalt für den Sohn nunmehr auf 314 Euro und für die Tochter auf 369 Euro beläuft. Auf diesen Unterhalt wird das Kindergeld angerechnet.

Ergebnis: In diesem Fall müsste der Vater für den Sohn einen Tabellenunterhalt von 314 Euro und für die Tochter einen Tabellenunterhalt von 369 Euro bezahlen. Das Kindergeld wird in Höhe von 60 Euro für den Sohn und in Höhe von 57 Euro für die Tochter angerechnet, sodass nur ein Betrag von 254 Euro beziehungsweise 312 Euro geschuldet wird (siehe Kindergeldanrechnungstabelle). Damit stehen dem Vater nach Abzug des Kindesunterhalts noch 1134 Euro monatlich zur Verfügung. Der Bedarfskontrollbetrag ist somit ebenfalls gewahrt.

Der regelmäßige Mehrbedarf

Der regelmäßige Mehrbedarf stellt einen Bedarf dar, der über einen längeren Zeitraum immer wieder anfällt und den normalen Bedarf derart übersteigt, dass er von der auf Durchschnittsfälle zugeschnittenen Düsseldorfer Tabelle nicht erfasst wird. In Betracht kommen zum Beispiel ein krankheitsbedingter Mehrbedarf, die Kosten für eine Privatschule oder teuren Musikunterricht. Ein Beitrag für einen Ganztageskindergarten fällt nicht darunter, da dies eine Betreuungsersparnis der Eltern darstellt. Ob der Mehrbedarf zusätzlich zum normalen Unterhalt zu leisten ist, hängt insbesondere von einer Abwägung der Interessen des Kindes und des Unterhaltspflichtigen ab. Es wird auch geprüft, ob sich die Betreuungsverpflichtung des getrennten Partners, bei dem die Kinder in der Regel leben, und der zu zahlende Unterhaltsbetrag die Waage halten.

Der Sonderbedarf

Sonderbedarf ist definiert als ein unregelmäßiger, außergewöhnlich hoher Bedarf. Darunter ist ein überraschend auftretender und der Höhe nach nicht schätzbarer Bedarf zu verstehen. Bei der Entscheidung, ob ein solcher Sonderbedarf vom Unterhaltsverpflichteten zu bezahlen ist, kommt es darauf an, ob vom laufend bezahlten Kindesunterhalt Rücklagen gebildet werden können oder nicht.

Die Abgrenzung, wann ein Sonderbedarf vorliegt und wann die besondere Ausgabe vom normalen Unterhalt zu bestreiten sind, ist sehr schwierig. Auch die Rechtsprechung ist hier nicht einheitlich. Es kommt somit immer auf den Einzelfall an. Ein typisches und allgemein anerkanntes Beispiel für einen Sonderbedarf sind Operationskosten, wobei diese in der Regel durch die Krankenversicherung abgedeckt sind. Weitere – von der Rechtsprechung bereits anerkannte – Beispiele sind:

• Säuglingsausstattung
• Schulfahrten (je nach Aufwand)
• Nachhilfe (je nach Kosten)
• Kommunion/Konfirmation
• Umzugskosten

Allerdings teilen nicht alle Gerichte diese Auffassung. Sie können daher nicht davon ausgehen, dass die aufgelisteten Kosten bei dem für Sie zuständigen Gericht tatsächlich als Sonderbedarf gewertet werden.

Steht ein Sonderbedarf fest, muss der Unterhaltsverpflichtete den zusätzlichen Bedarf allerdings nicht allein tragen, sondern meist nur eine angemessene Beteiligung.

ACHTUNG

Liegt ein Sonderbedarf vor und ist dieser nach Abwägung sämtlicher Interessen vom Unterhaltsverpflichteten zu tragen, so müssen Sie den Anspruch innerhalb eines Jahres nach Entstehung geltend machen (soweit der Unterhaltsverpflichtete einer entsprechenden Zahlungsaufforderung nicht nachgekommen ist). Andernfalls verfällt er.

Minderjährige Kinder

Der Elternteil, bei dem die minderjährigen Kinder üblicherweise leben, leistet seinen Unterhalt in Form von Betreuung. Lediglich der andere Elternteil ist zu Leistungen in Form von Barunterhalt verpflichtet.

Privilegierte volljährige Kinder

Die privilegierten volljährigen Kinder sind den minderjährigen Kindern gleichgestellt. Bei einem privilegierten volljährigen Kind handelt es sich um ein Kind, das

• zwischen 18 und 20 Jahre alt ist,
• unverheiratet ist,
• im Haushalt der Eltern oder eines Elternteils lebt und
• eine allgemeine Schulausbildung absolviert.
Das Ziel des Schulbesuchs muss der Erwerb eines allgemeinen Schulabschlusses als Zugangsvoraussetzung für die Aufnahme einer Berufsausbildung oder den Besuch einer Hochschule beziehungsweise Fachhochschule sein.

Eine allgemeine Schulausbildung ist keine Berufsausbildung und auch kein Studium. Den Besuch einer Berufsfachschule hat das Oberlandesgericht Dresden als eine allgemeine Berufsausbildung und damit nicht als allgemeine Schulausbildung angesehen. Voraussetzung für die Anerkennung als allgemeine Schulausbildung ist weiterhin, dass der Schüler zeitlich durch die Schulausbildung voll oder zumindest überwiegend in Anspruch genommen wird. Das ist der Fall, wenn neben der Schule die Aufnahme einer Erwerbstätigkeit nicht möglich ist. Aufgrund der notwendigen Vor- und Nachbereitung des Unterrichts sieht der Bundesgerichtshof diese Voraussetzung als erfüllt an, wenn der Schulunterricht mindestens 20 Wochenstunden umfasst. Die Unterrichtsteilnahme darf nicht Entscheidung des Schülers sein. Es muss sich um einen verpflichtenden Unterricht handeln.

Volljährige Kinder

Bei den nicht privilegierten volljährigen Kindern, also denen, die nicht mehr im Haushalt der Eltern leben oder die Schulausbildung bereits abgeschlossen haben, ändert sich die Berechnung des Kindesunterhalts grundlegend. Sie stehen unterhaltsrechtlich im Rang nach den minderjährigen und privilegierten volljährigen Kindern sowie nach den Ehepartnern.

Mit dem Eintritt der Volljährigkeit entfällt der Betreuungsunterhalt – unabhängig davon, ob es sich um privilegierte volljährige Kinder oder nicht privilegierte Kinder handelt. Dies führt dazu, dass der »betreuende« Elternteil ebenfalls unterhaltspflichtig wird.

Nach den Leitlinien der Oberlandesgerichte gelten bei Volljährigen unterschiedliche Bedarfssätze. Es kommt dabei darauf an, ob die Kinder noch bei einem Elternteil leben oder bereits einen eigenen Hausstand haben.

Der Bedarf eines volljährigen Studierenden beträgt nach den Anmerkungen der Düsseldorfer Tabelle und den Süddeutschen Leitlinien 640 Euro. In der Düsseldorfer Tabelle finden sich nur Zahlbeträge für ein volljähriges privilegiertes Kind. Der Betrag von 640 Euro wird in der Regel auch bei Volljährigen angesetzt, die nicht studieren und einen eigenen Hausstand haben.

Vom Bedarf des Kindes ist das Kindergeld abzuziehen. Der so ermittelte Gesamtbetrag stellt den Gesamtunterhaltsanspruch des Kindes dar. Beide Elternteile haften nach ihren Einkommensverhältnissen anteilig für den Unterhalt, wobei der angemessene Selbstbehalt der Eltern bei 1100 Euro liegt. Die sogenannte Haftungsquote der Elternteile errechnet sich demzufolge:

• Bereinigtes Nettoeinkommen des Vaters – Selbstbehalt = Einkommen des Vaters für die Haftungsquote.
• Bereinigtes Nettoeinkommen der Mutter – Selbstbehalt = Einkommen der Mutter für die Haftungsquote

BEISPIEL

Die Mutter hat ein bereinigtes Nettoeinkommen in Höhe von 1500 Euro, der Vater in Höhe von 2500 Euro. Der Bedarf des volljährigen Kindes liegt bei 640 Euro. Das Kindergeld von 154 Euro ist vom Bedarf des Kindes abzuziehen. Der Bedarf, der von den Eltern zu decken ist, be-

trägt somit 486 Euro. Der jeweilige Selbstbehalt der Eltern liegt bei
1 100 Euro.

Ergebnis: Die Haftungsquote der Mutter beträgt 400 Euro (1 500 Euro –
1 100 Euro), die des Vaters 1 400 Euro (2 500 Euro – 1 100 Euro). Gemeinsam haften beide Elternteile somit für insgesamt 1 800 Euro. Demzufolge muss die Mutter 108 Euro (400 Euro : 1 800 Euro x 486 Euro), der Vater 378 Euro (1 400 Euro : 1 800 Euro x 486 Euro) an monatlichen
Unterhaltszahlungen leisten. Die Eltern haften nur als Teilschuldner
und nicht als Gesamtschuldner.

Dauer des Unterhaltsanspruches

Grundsätzlich besteht die Verpflichtung zur Unterhaltsleistung gegenüber den
Kindern ein Leben lang. Das heißt aber nicht, dass die Kinder auf Kosten ihrer
Eltern tun und lassen können, was sie möchten. Die Eltern sind in der Regel
nur verpflichtet, eine Erstausbildung zu finanzieren. Die Kinder müssen die
Ausbildung zügig in der allgemein üblichen Zeit zum Abschluss bringen. Bei
einem Studium stellen die Höchstförderungsdauern des BaföG beziehungsweise die Regelstudienzeit nebst Examenssemestern eine Orientierung dar.

Ein Studienwechsel kann nach einer Orientierungsphase von ein bis zwei
Semestern in Betracht kommen. Bis zu diesem Zeitpunkt wirkt sich der Wechsel nicht negativ auf den Unterhaltsanspruch des Kindes aus. Ein sogenanntes
Parkstudium, zum Beispiel eine Auslandsreise, direkt nach dem Abitur, das
nicht im Zusammenhang mit einer Ausbildung steht, braucht hingegen nicht
finanziert zu werden.

ACHTUNG

Tolerieren Sie als Eltern ein Parkstudium und bezahlen den Unterhalt
während dieser Zeit, können Sie den Unterhalt bei einer/s anschließend aufgenommenen Ausbildung/Studiums nicht um die Zeit des
Parkstudiums kürzen.

Auch wenn grundsätzlich nur eine Ausbildung von den Eltern bezahlt werden muss, sind bei einer mehrstufigen einheitlichen Ausbildung (Abitur– Lehre – Studium) alle Ausbildungsstufen komplett zu finanzieren. Als mehrstufige, einheitliche Ausbildung gilt zum Beispiel eine Ausbildung zum Landwirt und ein direkt daran anschließendes Landwirtschaftsstudium. Dagegen gibt es keinen Zusammenhang zwischen einer Ausbildung zum Kfz-Mechaniker und einem anschließenden Medizinstudium.

Der Kindesunterhaltstitel

Leben die Kinder bei Ihnen und ist Ihr Ehepartner unterhaltsverpflichtet, so haben Sie Anspruch auf einen Unterhaltstitel. Diesen erhalten Sie am kostengünstigsten über das zuständige Jugendamt, da die Jugendämter verpflichtet sind, kostenlose Unterhaltstitel zu fertigen. Fordern Sie Ihren Ehepartner auf, dies in die Wege zu leiten. Das Jugendamt prüft dann die Einkommensverhältnisse und setzt den Unterhalt fest. Kommt Ihr Ehepartner dieser Aufforderung nicht nach, müssen Sie Klage beim zuständigen Familiengericht einreichen. Sollte Ihr Ehepartner den Kindesunterhalt dann nicht bezahlen, können Sie mit dem Unterhaltstitel sofort den Gerichtsvollzieher mit Pfändungsmaßnahmen beauftragen.

Tipp: Sie können auch eine Lohnpfändung über das Amtsgericht in die Wege leiten – was meist wirkungsvoller ist. Erkundigen Sie sich beim Amtsgericht, das für den Wohnort Ihres Ehepartners zuständig ist. Ein Rechtspfleger ist Ihnen bei den Pfändungsmaßnahmen behilflich. Sie können aber natürlich auch Ihren Anwalt befragen.

Zählkindergeldvorteil

Von einem Zählkindergeldvorteil spricht man, wenn die Kinder aus erster Ehe oder die nicht ehelichen Kinder eines Partners bei der Berechnung des Kindergeldes mitgezählt werden. Dies kann dann von Bedeutung sein, wenn insgesamt mindestens vier Kinder vorhanden sind, da das vierte Kind mit monatlich

179 Euro einen höheren Kindergeldanspruch als die ersten drei Kinder hat. Hierbei spielt es keine Rolle, wo sich das Kind regelmäßig aufhält und wer das Kindergeld erhält. Der Zählkindergeldvorteil wird bei der zuständigen Familienkasse beantragt und ist bei Angabe der Kindergeldnummer auszubezahlen. Bei vier Kindern stehen somit 25 Euro monatlich mehr für den Kindesunterhalt zur Verfügung.

Der Kindesunterhalt nach der Unterhaltsrechtsreform

Die Unterhaltsrechtsreform allgemein wird an anderer Stelle noch ausführlich besprochen (siehe Seite 77ff.). Die minderjährigen Kinder stehen künftig unterhaltsrechtlich an erster Stelle. Sollte nach einer Trennung nicht genügend Geld für alle unterhaltsberechtigten Personen vorhanden sein, werden weitere Unterhaltsansprüche erst bedient, soweit der Kindesunterhalt der minderjährigen und der privilegierten volljährigen Kinder geleistet ist. Der Mindestunterhalt minderjähriger Kinder wird bundeseinheitlich neu geregelt. Die Regelbetrag-Verordnung wird aufgehoben. Zukünftig soll der Mindestunterhalt minderjähriger Kinder in Anlehnung an den steuerlichen Freibetrag für das Existenzminimum geregelt werden. Zugrunde gelegt wird dabei der jeweilige doppelte Kinderfreibetrag des Einkommensteuerrechts (zurzeit 2 x 1824 Euro). In Zahlen bedeutet das:

- Für die Zeit bis zur Vollendung des 6. Lebensjahres (erste Altersstufe der Düsseldorfer Tabelle) soll der Mindestbetrag 87 Prozent eines Zwölftels des doppelten Kinderfreibetrags, das sind zurzeit 264,48 Euro (gerundet 265 Euro), betragen.
- Für die Zeit vom 7. bis zur Vollendung des 12. Lebensjahres (zweite Altersstufe der Düsseldorfer Tabelle) soll der Mindestbetrag 100 Prozent eines Zwölftels des doppelten Kinderfreibetrages, das sind zurzeit 304 Euro, betragen.
- Für die Zeit vom 13. bis zur Vollendung des 18. Lebensjahres (dritte Altersstufe der Düsseldorfer Tabelle) soll der Mindestbetrag 117 Prozent eines Zwölftels des doppelten Kinderfreibetrages, das sind zurzeit 355,68 Euro (gerundet 356 Euro), betragen.

Auch die Kindergeldverrechnung soll neu erfolgen. Das Kindergeld wird nun unterhaltsrechtlich dem Kind zugewiesen. Es mindert zukünftig den Unterhaltsbedarf des Kindes und ist von den Unterhaltsbeträgen abzuziehen.

BEISPIEL

Für ein sechsjähriges Kind liegt der Mindestbetrag bei 265 Euro. Hiervon wird das Kindergeld in Höhe von 77 Euro abgezogen, sodass der Unterhaltszahlende lediglich 188 Euro bezahlen muss.

Der Trennungsunterhalt

Während des Zusammenlebens tragen beide Ehepartner gemeinsam zum Familienunterhalt bei. Der Bundesgerichtshof hat klargestellt, dass die Ehepartner auch dann gleichwertig zum Familieneinkommen beitragen, wenn nur ein Ehepartner eine Vollzeitstelle hat und der andere die Kinder betreut und den Haushalt führt. Entscheidend für den Unterhaltsanspruch eines Ehepartners sind immer die ehelichen Lebensverhältnisse.

Einen Trennungsunterhaltsanspruch haben Sie ab dem Tag der vollständigen Trennung und bis zu dem Tag, an dem die Scheidung rechtskräftig wird. Nach der Scheidung spricht man vom nachehelichen Unterhalt, auf den später noch ausführlich eingegangen wird (siehe Seite 79ff.).

Der Trennungsunterhaltsanspruch ist in § 1361 BGB geregelt:

(1) Leben die Ehegatten getrennt, so kann ein Ehegatte von dem anderen den nach den Lebensverhältnissen und den Erwerbs- und Vermögensverhältnissen der Ehegatten angemessenen Unterhalt verlangen; für Aufwendungen infolge eines Körper- oder Gesundheitsschadens gilt § 1610a BGB. Ist zwischen den getrennt lebenden Ehegatten ein Scheidungsverfahren rechtshängig, so gehören zum Unterhalt vom Eintritt der Rechtshängigkeit an auch die Kosten einer angemessenen Versicherung für den Fall des Alters sowie der verminderten Erwerbsfähigkeit.

(2) Der nicht erwerbstätige Ehegatte kann nur dann darauf verwiesen werden, seinen Unterhalt durch eine Erwerbstätigkeit selbst zu verdienen, wenn dies von ihm nach seinen persönlichen Verhältnissen, insbesondere wegen einer früheren Erwerbstätigkeit unter Berücksichtigung der Dauer der Ehe, und nach den wirtschaftlichen Verhältnissen beider Ehegatten erwartet werden kann.

(3) Die Vorschrift des § 1579 Nr. 2 bis 7 über die Herabsetzung des Unterhaltsanspruchs aus Billigkeitsgründen ist entsprechend anzuwenden.

(4) Der laufende Unterhalt ist durch Zahlung einer Geldrente zu gewähren. Die Rente ist monatlich im Voraus zu zahlen. Der Verpflichtete schuldet den vollen Monatsbetrag auch dann, wenn der Berechtigte im Laufe des Monats stirbt. § 1360a, Abs. 3, 4 und §§ 1360b, 1605, sind entsprechend anzuwenden.

Der Gesetzgeber sieht vor, dass die Trennungszeit als Übergangszeit angesehen wird. Man kann deshalb von dem bisher nicht arbeitenden Ehepartner nicht verlangen, sich sofort nach einer passenden Arbeit umzusehen. In der Trennungszeit besteht weiterhin ein gegenseitiger Anspruch auf die vorausgegangenen Lebens- und Erwerbsverhältnisse. Ist man aus sachlichen Gründen nicht in der Lage, seinen Unterhalt selbst zu verdienen, so ist der Ehepartner verpflichtet, Unterhalt zu bezahlen.

ACHTUNG

Auch an dieser Stelle sei nochmals darauf hingewiesen, dass das Unterhaltsrecht sehr komplex ist. Es ist deshalb nur selten möglich, Musterlösungen darzustellen, die exakt Ihren Voraussetzungen entsprechen. Sie sollten deshalb professionelle Hilfe in Anspruch nehmen. Sie müssen auch bedenken, dass Sie nicht rechtzeitig geltend gemachte Ansprüche verlieren können.

Berechnung des Trennungsunterhalts

Die Berechnung des Unterhalts ist nicht gesetzlich vorgeschrieben. In den OLG-Bezirken gibt es unterschiedliche Leitlinien, nach denen die entsprechenden Untergerichte und Anwälte den Unterhalt berechnen. Sie finden die

Leitlinien der Oberlandesgerichte im Internet unter http://gerichtsverzeichnis.net/. Geben Sie auf der Internetseite Ihren Wohnort ein, dann erscheinen die für Sie zuständigen Gerichte. Diese können wechseln, wenn Sie beispielsweise mit den Kindern umziehen. Die Leitlinien weichen in der Regel jedoch nicht so weit voneinander ab, sodass Sie mit den Leitlinien des für Sie momentan zuständigen Oberlandesgerichts auf jeden Fall eine Groborientierung erhalten (siehe Beispiel unten).

Tipp: Wenn Sie beabsichtigen, auf jeden Fall mit den Kindern wegzuziehen, ist es ratsam, sich vorab nach den jeweils gültigen Leitlinien zu erkundigen, da die Wahl des Wohnortes durchaus Auswirkungen auf die Höhe Ihres Unterhaltsanspruchs haben kann.

Prinzipiell steht beiden Eheleuten je die Hälfte der Gesamteinkünfte zu. Vom unterhaltsrelevanten Einkommen steht dem Erwerbstätigen ein sogenannter Erwerbstätigenbonus zu. Man möchte für ihn damit einen Anreiz schaffen, auch bei Unterhaltsverpflichtungen weiter seiner Arbeit nachzugehen und sein Einkommen zu sichern. Die Höhe des jeweiligen Erwerbstätigenbonus wird von den Oberlandesgerichten festgelegt. Am weitesten verbreitet ist jedoch ein Erwerbstätigenbonus gemäß der Düsseldorfer Tabelle von 1/7 des Erwerbseinkommens. Die Süddeutschen Leitlinien gewähren einen Erwerbsbonus in Höhe von 1/10 des Erwerbseinkommens, während das OLG Stuttgart die Halbierung des Einkommens beibehält. Allerdings darf der erwerbstätige Ehegatte hier 15 Prozent seines Einkommens als berufsbedingte Aufwendungen abziehen.

BEISPIEL

M und F trennen sich im März 2007. M hat ein bereinigtes Nettoeinkommen von 3 200 Euro. F ist Hausfrau und Mutter mit einer geringfügigen Beschäftigung von 400 Euro. Kind 1 ist 8 Jahre alt und Kind 2 5 Jahre. Die Kinder bleiben bei der Mutter.

Der Kindesunterhalt (Tabellenwert Düsseldorfer Tabelle) beträgt demnach 392 Euro für Kind 1 beziehungsweise 324 Euro für Kind 2.

Berechnung nach Düsseldorfer Tabelle:

Nettoeinkommen M	3 200,00 €
abzüglich Kindesunterhalt 1	-392,00 €
abzüglich Kindesunterhalt 2	-324,00 €
	= 2 484,00 €
x 6/7	= 2 129,14 €
Unterhaltsrelevantes Einkommen M	= 2 129,14 €
Nettoeinkommen F	400,00 €
x 6/7	= 342,86 €
Unterhaltsrelevantes Einkommen F	= 342,86 €
Unterhaltsrelevantes Gesamteinkommen	
(2 129,14 Euro + 342,86 Euro)	= 2 472,00 €
: 2	= 1 236,00 €
Anspruch jedes Ehepartners	
am Gesamteinkommen	= 1 236,00 €
Anspruch der F am Gesamt-	
einkommen (eigener Bedarf)	= 1 236,00 €
abzüglich eigenes Einkommen	-400,00 €
Unterhaltsanspruch gegenüber M	= 833,00 €

F hat einen Unterhaltsanspruch gegenüber M in Höhe von 833 Euro.

Berechnung nach Süddeutschen Leitlinien:

Nettoeinkommen M	3 200,00 €
abzüglich Kindesunterhalt 1	-392,00 €
abzüglich Kindesunterhalt 2	-324,00 €
	= 2 484,00 €
x 9/10	= 2 235,60 €
Unterhaltsrelevantes Einkommen M	= 2 235,60 €

Nettoeinkommen F	400,00 €
x 9/10	= 360,00 €
Unterhaltsrelevantes Einkommen F	= 360,00 €
Unterhaltsrelevantes Gesamteinkommen	
(2 235,60 Euro + 360,00 Euro)	= 2 595,60 €
: 2	= 1 297,80 €
Anspruch jedes Ehepartners	
am Gesamteinkommen	= 1 297,80 €
Anspruch der F am Gesamt-	
einkommen (eigener Bedarf)	= 1 297,80 €
abzüglich eigenes Einkommen	-400,00 €
Unterhaltsanspruch gegenüber M	= 897,80 €

F hat einen Unterhaltsanspruch gegenüber M in Höhe von 898 Euro (gerundet).

Auswirkung von Gehaltserhöhungen auf den Unterhalt

Jeder Ehepartner profitiert von den Gehaltserhöhungen des anderen, soweit diese zum Beispiel durch die normale Tariferhöhung erwartet werden können. Ergreift ein Ehepartner nach der Scheidung einen neuen Beruf, der in der ehelichen Lebensplanung nicht vorgesehen war, und verdient dadurch mehr, hat der geschiedene Ehepartner keinen Anspruch darauf, vom höheren Verdienst des ehemaligen Partners zu profitieren.

Die Reihenfolge der Unterhaltsberechtigten

Die Reihenfolge der Unterhaltsberechtigten spielt nur dann eine Rolle, wenn das Einkommen des Unterhaltsverpflichteten nicht ausreicht, um den Unterhaltsbedarf aller unterhaltsberechtigten Personen zu erfüllen. In diesem Fall werden Verteilungsquoten nach den entsprechenden Bedarfssätzen gebildet.

Im ersten Rang stehen die minderjährigen Kinder mit den »Erstehefrauen«. Ist deren Unterhalt gesichert, kommen die volljährigen Kinder an die Reihe und dann alle anderen.

Unterhalt für die Vergangenheit

Unterhalt für die Vergangenheit können Sie nur dann verlangen, wenn entweder ein rechtskräftiger Unterhaltstitel vorliegt oder Sie die Gegenpartei entsprechend in Verzug gesetzt haben. Um Ihren ehemaligen Ehepartner in Verzug zu setzen, reicht ein Auskunftsbegehren in Form einer Stufenauskunft. Das heißt, Sie verlangen zuerst eine Auskunft über das Einkommen Ihres Ehepartners, aus dem Sie dann in der zweiten Stufe Ihren Unterhaltsanspruch oder den der Kinder berechnen lassen können. Der Zahlungsverzugszeitpunkt beginnt bereits mit dem Auskunftsbegehren, obwohl Sie hierbei noch keine konkrete Zahl nennen können.

Sie brauchen für das Auskunftsbegehren nicht unbedingt einen Anwalt. Sie sollten allerdings sicherstellen, dass Ihr Ehepartner das Schreiben auch tatsächlich erhält. Empfehlenswert ist daher, das Schreiben per Einschreiben zu versenden, sodass Sie im Zweifel den Zugang nachweisen können.

Ein Auskunftsbegehren (bei Einkünften aus nichtselbstständiger Tätigkeit) könnte wie folgt lauten:

MUSTER

(Adresse)   (Datum)

Hallo Gerd,

wir haben uns getrennt. Du musst für mich und die Kinder Unterhalt bezahlen. Damit der Unterhalt berechnet werden kann, fordere ich dich auf, eine vollständige Auskunft über sämtliche in den zurückliegenden 12 Monaten, nämlich in der Zeit vom 1.7.06 bis zum 30.6.07, erzielten

Brutto-/Nettoeinkünfte einschließlich aller Nebeneinkünfte aus nicht selbstständiger Tätigkeit zu erteilen.

Außerdem muss das Einkommen belegt werden, und zwar hinsichtlich der Monatsbezüge durch Vorlage sämtlicher Verdienstabrechnungen. Auch Steuererstattungen stellen Einkommen dar, sodass die im genannten Zeitraum erhaltenen Steuererstattungen anzugeben und durch Vorlage des Steuerbescheids zu belegen sind.

Soweit Einkünfte aus Vermögen erzielt werden (zum Beispiel Zinsen, Dividenden, Mieteinnahmen), müssen diese für den Zeitraum des letzten Kalenderjahres angegeben werden.

Für die Auskunftserteilung sowie für die Vorlage der Belege habe ich mir den *Datum (unbedingt angeben und noch vor Monatsende datieren)* vorgemerkt.

Nach Vorlage der Unterlagen berechne ich beziehungsweise lasse ich den Unterhalt berechnen.

Gruß Simone

Das Gewaltschutzgesetz

Die Einführung des Gewaltschutzgesetzes im Jahre 2002 schafft eine klare Rechtsgrundlage: »Wer schlägt, muss gehen.« Es ist relativ schnell möglich, »prügelnde Ehepartner« (in der Regel die Ehemänner) im Rahmen eines Eilverfahrens aus der Wohnung zu werfen. Außerdem können auf Basis des Gewaltschutzgesetzes Annäherungs- und Kontaktverbote ausgesprochen werden.

Das im Fall von Gewalt in der Ehe anzuwendende Verfahrens- und Vollstreckungsrecht wurde durch das Gewaltschutzgesetz so überarbeitet, dass die betroffenen Opfer schnell und einfach zu ihrem Recht kommen.

Zudem haben die meisten Bundesländer ihre Polizeigesetze geändert. Die Polizei hat dadurch das Recht erhalten, einen Gewalttäter über einen sogenannten Platzverweis aus der Wohnung zu entfernen. Dies schließt die Schutzlücke bis zur Beantragung eines Gewaltschutzantrags bei den Zivilgerichten.

Misshandelte Ehepartner und Kinder können somit in der ehemals gemeinsam genutzten Wohnung bleiben. Hierbei spielt es vorerst keine Rolle, wem die Wohnung gehört. Falls die Wohnung dem »prügelnden« Ehepartner gehört, befristen die Gerichte die Wohnungszuweisung zunächst.

Tipp: Für den Gewaltschutzantrag brauchen Sie keinen Anwalt. Sie können ihn direkt beim zuständigen Amtsgericht stellen. Der dortige Rechtspfleger ist Ihnen beim Ausfüllen des Antrages behilflich.

Bei der Antragstellung muss dargelegt werden, wann, wo und mit welchen Konsequenzen die Schläge, Bedrohungen etc. erfolgt sind. Zudem müssen die Vorfälle belegt werden. Sollten ärztliche Stellungnahmen vorhanden sein, so fügen Sie diese dem Antrag bei. Wurde bereits eine Strafanzeige gestellt, so verweisen Sie auf die polizeiliche Vernehmung.

Sie müssen für den geschilderten Sachverhalt eine sogenannte eidesstattliche Versicherung abgeben, dass es sich tatsächlich so zugetragen hat. Vorsicht: Geben Sie einen falschen Sachverhalt an, machen Sie sich strafbar.

Tipp: Aus Scham zeigen viele Betroffene die misshandelnden und bedrohenden Personen nicht an und suchen auch keinen Arzt auf. Notieren Sie wenigstens jeden Vorfall. Was ist wann, wo, mit welchen Auswirkungen passiert und gibt es gegebenenfalls Zeugen. Sie und gegebenenfalls die Zeugen können dann die Sachverhalte entsprechend eidesstattlich versichern. Am besten ist aber, jeden Vorfall zur Anzeige zu bringen – auch wenn es schwerfällt!

Aufgrund des Antrags kann das Gericht insbesondere anordnen, dass der Täter es unterlässt,
• die Wohnung der verletzten Person zu betreten,
• sich in einem bestimmten Umkreis der Wohnung der verletzten Person aufzuhalten,
• bestimmte andere Orte aufzusuchen, an denen sich die verletzte Person regelmäßig aufhält,
• Verbindung zur verletzten Person, auch unter Verwendung von Fernkommunikationsmitteln, aufzunehmen,
• Zusammentreffen mit der verletzten Person herbeizuführen.

Das Gericht kann auch gegen den Verstoß einer der oben genannten Anordnungen eine Strafe verhängen (Ordnungsgeld), die im schlimmsten Fall zu einer Gefängnisstrafe (Ordnungshaft) führen kann. Dadurch soll gewährleistet sein, dass sich die bedrohte oder belästigte Person uneingeschränkt bewegen kann, ohne mit der ständigen Angst leben zu müssen, vom Täter erneut angegriffen zu werden (einen Musterantrag finden auf Seite 149ff.).

Es gibt wissenschaftliche Nachweise dafür, dass insbesondere Täter häuslicher Gewalt nach einer Trennung zur »Methode« des Stalking greifen. Der Begriff Stalking kommt aus der englischen Jägersprache und bezeichnet das Heranpirschen an die Beute. Wie ein Jäger sammelt ein Stalker alle Informationen über ein Opfer, um es jederzeit stellen zu können. Eine strafrechtliche Verfolgung von sogenannten Stalkern ist seit dem Inkrafttreten des Stalking-Gesetzes vom 31.3.2007 möglich. Nach dem neuen Straftatbestand können für Stalking Freiheitsstrafen von bis zu drei Jahren verhängt werden.

Ein Beispiel (Münsterische Zeitung vom 31.5.2007): Ehemann verfolgte seine Frau mit dem PKW durch Mesum – »Ich habe sie damals doch noch geliebt und wollte sie unbedingt zurückhaben!«

Damit begründete gestern vor dem Schöffengericht der 33-jährige N seine Drohungen und Aktionen gegen seien 7 Jahre jüngere Ehefrau. Die Ehefrau schilderte, was am 7. Juli vergangenen Jahres passierte. Zuvor habe N sie bereits mit Telefonterror überschwemmt. »An einem Tag hatte ich 85 eingegangene Gespräche von ihm auf dem Handy.« Sie habe von ihm weg gewollt, weil er so aggressiv sei. An diesem Tag hatte er angerufen und gedroht, sie und das gemeinsame Kind umzubringen, falls sie nicht zu ihm zurückkehre. Er werde die Bremsschläuche an ihrem Wagen beschädigen, ohne dass sie etwas feststellen könne, habe er gedroht.

Das Gericht glaubte der Frau und verurteilte den mehrfach vorbestraften N. zu einem Jahr Gefängnis auf Bewährung. Zudem muss er 1000 Euro Geldbuße zahlen.

CHECKLISTE

Zum Abschluss noch einmal das Wichtigste zum Thema Trennung auf einen Blick:

✔ Es ist empfehlenswert, sich anwaltlich beraten zu lassen.

✔ Können Sie sich eine anwaltliche Beratung nicht leisten, so können Sie sich bei dem für Sie zuständigen Amtsgericht einen Beratungshilfeschein holen, mit dem Sie einen Anspruch auf anwaltliche Beratung haben (siehe Seite 121).

✔ Eine Trennung muss tatsächlich herbeigeführt werden. Besteht die Möglichkeit, so sollte einer von beiden Ehepartnern ausziehen. Ist dies nicht möglich, so müssen Sie darauf achten, dass eine Trennung von „Tisch und Bett" erfolgt, das heißt, Sie dürfen keine gemeinsamen Mahlzeiten mehr einnehmen und jeder muss seine eigene Hausarbeit verrichten. Die Lebensmittel sind getrennt zu besorgen und getrennt voneinander aufzubewahren.

✔ Wohnen Sie in einer Mietwohnung und zieht einer von Ihnen aus, so sollten Sie den Mietvertrag abändern lassen. Erfolgt keine Abänderung, so haften beide Ehepartner weiterhin gemeinsam.

✔ Es ist auch sinnvoll, das beide Ehepartner den Trennungszeitpunkt schriftlich bestätigen, damit nach Ablauf des Trennungsjahres die Scheidung eingereicht werden kann.

✔ Wollen Sie die Trennung herbeiführen, so sollten Sie sich frühzeitig einen Überblick über die finanzielle Situation Ihres Ehepartners schaffen, beziehungsweise über die der gesamten Familie.

✔ Fertigen Sie nach Möglichkeit Kopien von Bankunterlagen, Einkommensnachweisen, Darlehensverpflichtungen und Buchauszüge etc. Sie sollten unverzüglich gemeinsame Konten auflösen und entsprechende Vollmachten widerrufen. Des Weiteren sollten Sie Ihre Sparbücher an sich nehmen.

✔ Ist damit zu rechnen, dass Ihr Ehepartner, der unterhaltsverpflichtet ist, freiwillig keinen Unterhalt bezahlt, sollten Sie für die ersten Monate vorsorgen und gegebenenfalls entsprechende Beträge auf Ihr Konto überweisen.

✔ Bestehen Lebensversicherungen und ist Ihr Ehepartner als Bezugsberechtigter eingetragen, so müssen Sie diese Bezugsberechtigung schriftlich gegenüber Ihrer Versicherung widerrufen beziehungsweise ändern.

✔ Haben Sie gemeinsame Kinder, so stellt sich die Frage, wo die Kinder nach Trennung beziehungsweise Scheidung verbleiben und wem gegebenenfalls die elterliche Sorge zusteht.

✔ Kinder leiden immer unter der Trennung der Eltern, sodass darauf geachtet werden sollte, dass sie den Kontakt zu beiden Elternteilen halten können.

✔ Der Ehepartner, bei dem sich die Kinder nicht dauerhaft aufhalten, hat ein Umgangsrecht.

✔ Kindesunterhalt ist von demjenigen Ehepartner zu zahlen, bei dem sich die Kinder nicht überwiegend aufhalten. Er ist barunterhaltspflichtig. Hierbei sind seine Einkommensverhältnisse zugrunde zu legen.

✔ Haben Sie bisher aufgrund der Kinderbetreuung oder aus sonstigen Gründen nicht gearbeitet, so haben Sie einen Trennungsunterhaltsanspruch.

✔ Die anstehende Unterhaltsreform sieht vor, dass zuerst sämtliche Unterhaltsansprüche der Kinder zu bedienen sind, bevor der getrennt lebende Ehegatte Unterhalt beanspruchen kann.

DIE SCHEIDUNG

Die Ehe wird grundsätzlich auf Lebenszeit geschlossen. Sie endet durch Tod, Aufhebung oder Scheidung. Wir werden uns hier im Wesentlichen mit der Beendigung der Ehe durch Scheidung befassen und nur kurz auf die Aufhebung eingehen.

Der Ablauf einer Scheidung und die Voraussetzungen

Derzeit kann die Ehe nur durch ein gerichtliches Urteil geschieden werden. Mit der Rechtskraft dieses Urteils, das heißt, wenn kein höheres Gericht gegen die Entscheidung des ersten Gerichts mehr angerufen werden kann, ist die Ehe endgültig aufgelöst.

Sie können sich streitig oder einvernehmlich scheiden lassen (siehe auch Seite 65f. sowie Seite 66f.). Die einvernehmliche Scheidung ist schon aus Kostengründen zu bevorzugen, wenn das Verhältnis zu Ihrem Ehepartner dies zulässt.

Der Scheidungstermin

Mindestens ein Ehepartner muss bei Gericht den Antrag stellen, dass die Ehe geschieden werden soll. Dafür muss er sich einen Anwalt nehmen. Der andere Ehepartner kann sich dann selbst auch einen Anwalt nehmen. Ohne einen eigenen Anwalt kann er lediglich seine Zustimmung zur Scheidung erklären.

ACHTUNG

Es ist ein weit verbreiteter Irrtum, dass sich Ehepaare durch einen gemeinsamen Anwalt vertreten lassen können. Das Gesetz kennt die gemeinsame Anwältin/den gemeinsamen Anwalt nicht. Offiziell kann ein Anwalt somit immer nur einen Ehepartner vertreten. Der Anwalt haftet dann auch lediglich gegenüber diesem Ehepartner für den Fall, dass er einen Fehler macht. Zudem existiert kein Rechtsanspruch auf Kostenbeteiligung des anderen Ehegatten an den Anwaltskosten. Sollten Sie einen Anwalt beauftragen und sich die Kosten mit Ihrem Ehepartner teilen wollen, müssen Sie dies schriftlich vereinbaren.

Zum Scheidungstermin müssen Sie grundsätzlich persönlich erscheinen. Kommt ein Ehepartner nicht, kann dies als Versöhnungsversuch angesehen werden (siehe Seite 11). Das Verfahren wird dann etwa wie folgt ablaufen:

- Ihre Angelegenheit wird aufgerufen.
- Sie betreten den Gerichtsaal.
- Der Richter stellt fest, um welche Sache es sich handelt.
- Dem Richter müssen das Familienstammbuch und die Personalausweise vorgelegt werden.
- Der Richter fragt dann denjenigen, der den Antrag gestellt hat, ob dieser sich tatsächlich scheiden lassen möchte und ob alle seine Angaben in den Schriftsätzen stimmen.
- Wenn der Antragsteller all dies bestätigt hat, fragt der Richter auch den Ehepartner, ob dieser sich ebenfalls scheiden lassen möchte. In der Regel äußert sich der andere Ehepartner spätestens beim Scheidungstermin auch dahingehend, dass er die Scheidung will beziehungsweise ihr zustimmt. Es besteht schließlich keine Möglichkeit, eine eheliche Gemeinschaft mit jemandem herzustellen, der diese nicht mehr will.
- Sollten Sie gleichzeitig noch weitere Anträge gestellt haben, wird nunmehr über diese gesprochen. Es wird festgestellt, ob ein eventueller Unterhalt richtig berechnet wurde, wem das Sorgerecht zugesprochen werden soll, wie ein Besuchsrecht gegebenenfalls zu regeln ist etc. Es werden alle Dinge angesprochen, die Sie und Ihr Ehepartner vor Gericht noch klären müssen.

Auch über einen Vermögensausgleich wird verhandelt, wenn dies von einer der Parteien gewünscht wird. Über all diese Punkte wird aber nur dann gesprochen, wenn dies vor Gericht von Ihrem Anwalt beantragt wurde.

- Auf jeden Fall muss der Richter noch errechnen, ob und in welcher Höhe ein Versorgungsausgleich entsteht, das heißt Rentenansprüche von dem einen Ehegatten auf den anderen zu übertragen sind.
- Der Richter erklärt dann im Scheidungstermin die Ehe für geschieden und überträgt im Scheidungsurteil die Rentenanwartschaften (siehe Seite 67ff.).
- Sind beide Parteien anwaltlich vertreten, kann auf Rechtsmittel verzichtet werden, das heißt, es wird die Erklärung abgegeben, dass man keine Berufung einlegen wird, sodass die Scheidung sofort rechtskräftig ist. Sie könnten dann auch sofort wieder heiraten.

Das zuständige Gericht

Grundsätzlich ist in allen Familienangelegenheiten das Familiengericht zuständig. Das Familiengericht befindet sich beim örtlichen Amtsgericht. Schwieriger zu beantworten ist allerdings die Frage, welches Gericht örtlich zuständig ist.

Wenn beide Eheleute noch in einer Wohnung leben, ist das Gericht am Ort dieses Wohnsitzes zuständig. Leben die Ehepartner bereits getrennt, aber einer von beiden lebt mit allen gemeinsamen Kindern zusammen, so bestimmt dieser Wohnsitz die örtliche Zuständigkeit des Gerichts. Ist auch das nicht der Fall, ist zu prüfen, ob noch einer der Ehepartner in der ehemaligen Ehewohnung wohnt oder zumindest im selben Gerichtsbezirk. Dann wird durch diesen Wohnsitz die örtliche Zuständigkeit des Gerichts bestimmt. Leben beide Ehepartner in anderen Gerichtsbezirken, bestimmt der Wohnsitz der Antragstellerin oder des Antragstellers die Zuständigkeit des Gerichts, wenn der Gegner des Scheidungsantrags noch im Inland lebt.

Tipp: Es kommt immer wieder vor, dass Ehepartner den Wohnort des anderen Ehepartners nicht kennen und auch nicht ermitteln können. Sollte das bei Ihnen der Fall sein, können Sie sich trotzdem von Ihrem Ehepartner scheiden lassen. Zuständig ist dann das Familiengericht Ihres Aufenthaltsortes.

Scheidungsvoraussetzungen

In Deutschland kann eine Ehe geschieden werden, wenn sie gescheitert ist. Es ist ein weit verbreiteter Irrtum, der teilweise auch durch die einschlägigen Gerichtssendungen im Fernsehen unterstützt wird, dass es eine Rolle spielt, wer von den Ehepartnern am Scheitern der Ehe Schuld hat. Nach früherem Scheidungsrecht konnte sich in der Tat nur derjenige scheiden lassen, der beweisen konnte, dass der andere die Zerstörung der ehelichen Gemeinschaft verschuldet hat. Dies führte oftmals zu sehr unerfreulichen Gerichtsverfahren, in denen intime Details vor Gericht verhandelt werden mussten. Das heutige Scheidungsrecht hingegen kennt nur noch das sogenannte Zerrüttungsprinzip. Und nach dem Zerrüttungsprinzip muss vor Gericht nur bewiesen werden, dass die Ehe zerrüttet und somit gescheitert ist.

ACHTUNG

Es gibt einige wenige Ausnahmefälle, in denen das Verschulden auch heute noch eine Rolle spielt, zum Beispiel wenn das Vorliegen einer besonderen Härte geprüft wird. Das kann beispielsweise dann relevant werden, wenn Sie sich von Ihrem Ehegatten vor Ablauf des Trennungsjahres scheiden lassen wollen. Dann müssen Sie darstellen, dass die Scheidung aus Gründen, die Ihr Ehepartner zu verantworten hat (zum Beispiel Misshandlung), sofort erfolgen muss. Bei Scheidungen mit Auslandsbezug, zum Beispiel eine nach türkischem Recht geschlossene Ehe, kann das Schuldprinzip unter Umständen auch für den Unterhalt eine Rolle spielen.

In der Regel wird vorausgesetzt, dass Sie ein Jahr von Ihrem Ehegatten getrennt gelebt haben. Ausnahme ist nur die Härtefallscheidung oder die »Boris-Becker-Scheidung« (siehe Seite 65).

Die Härtefallscheidung

Grundsätzlich soll eine Ehe erst nach Ablauf eines Trennungsjahres geschieden werden. Wenn Sie oder Ihr Ehepartner die Scheidung bereits vor Ablauf eines Trennungsjahres wünschen, muss derjenige, der die Scheidung sofort will, darlegen und beweisen, dass es aus Gründen, die in der Person des anderen Ehepartners liegen, nicht zumutbar ist, an der Ehe festzuhalten. Die Rechtsprechung stellt hier sehr strenge Anforderungen. Es müssen zum Beispiel Misshandlungen, schwere Beleidigungen, Schwangerschaft mit einem neuen Partner, Alkoholexzesse oder Ähnliches nachgewiesen werden. In der Praxis sind diese Fälle jedoch die Ausnahme.

Die einvernehmliche Scheidung

Bei einer einvernehmlichen Scheidung leben die Eheleute ein Jahr getrennt und wollen beide geschieden werden. Im Normalfall stellt ein Ehepartner den Scheidungsantrag und muss sich hierfür einen Anwalt nehmen. Der andere Ehepartner stimmt der Scheidung lediglich zu. Er kann dies spätestens beim Scheidungstermin tun. Der Richter muss dann neben dem Scheidungsausspruch lediglich den Versorgungsausgleich regeln. Eine derartige Scheidung dauert in der Praxis fünf bis zehn Minuten.

Unter dem Stichwort »Boris-Becker-Scheidung« wird bei juristischen Laien eine besonders schnelle Scheidung verstanden. Sind Sie sich mit Ihrem Ehepartner einig, dass Sie schnellstmöglich geschieden werden möchten, und versichern vor Gericht übereinstimmend, dass Sie innerhalb der gemeinsamen Wohnung seit mindestens einem Jahr getrennt leben, so geht der Richter von diesen Angaben aus. Auf diese Art und Weise kann der Trennungszeitpunkt vorverlagert werden, – so wie im Fall der Eheleute Becker möglicherweise geschehen.

ACHTUNG

Sollte Ihr Ehepartner es sich anders überlegen, kann ein frühzeitig ein-
gereichter Scheidungsantrag kostenpflichtig zurückgewiesen werden.
Sie müssen dann die Kosten allein tragen.

Die Scheidung kann auch schon vor Ablauf des Trennungsjahres eingereicht
werden. Es muss jedoch gewährleistet sein, dass beim Scheidungstermin die
Scheidungsvoraussetzungen erfüllt sind. Unter Umständen kann es für Sie sinnvoll sein, sobald als möglich geschieden zu werden. Dies könnte für die Renten-
anwartschaftsübertragungen (siehe Seite 67ff.) oder den Zugewinnausgleich
(siehe Seite 98ff.) von Bedeutung sein.

Die streitige Scheidung

Im Fall der streitigen Scheidung leben Sie bereits ein Jahr von Ihrem Ehepartner getrennt, sind sich aber nicht darüber einig, dass die Scheidung erfolgen
soll, oder Sie sind über mögliche Folgen der Scheidung, zum Beispiel Unterhalt, Haushaltstrennung etc. uneinig.

Wenn nur ein Ehepartner geschieden werden möchte, muss der Richter
während des Scheidungstermins feststellen, dass der Wille des antragstellen-
den Ehepartners, die Ehe zu beenden, (sogenannter Abkehrwille) ernsthaft
und endgültig ist. Letztendlich kann der Ehepartner, der keine Scheidung,
sondern die Fortsetzung der Ehe möchte, nur einwenden, dass die Scheidung
eine schwere Härte für ihn darstellt. Diesem Einwand wird aber nur in Ausnahmefällen stattgegeben. Ein Argument gegen die Scheidung könnte beispielsweise sein, dass die Scheidung schwere Folgen zum Beispiel für die minderjährigen Kinder hätte.

Wenn Sie eine weitere Angelegenheit, zum Beispiel Unterhalt, Sorgerecht
o. Ä. (die Folgesachen), geregelt haben wollen und hierüber Uneinigkeit besteht, kann die Ehe erst geschieden werden, wenn auch über die Folgesachen
entschieden wurde.

Wenn Sie bereits drei Jahre von Ihrem Ehepartner getrennt leben, gilt die Zerrüttungsvermutung. Ein ernsthafter Abkehrwille des scheidungswilligen Ehepartners muss dann nicht mehr extra festgestellt werden. Der scheidungsunwillige Ehepartner könnte wiederum mit dem Argument des Vorliegens einer schweren Härte Einwände gegen die Scheidung vorbringen. Diese sind in der Praxis jedoch nicht relevant.

Der Versorgungsausgleich

Der Versorgungsausgleich wird zwingend von Amts wegen mit dem Scheidungsverfahren durchgeführt. Er betrifft die Regelung der Rentenanwartschaften. Ein Ausgleich erfolgt hierbei nach dem Prinzip des sogenannten Zugewinnausgleichs. Derjenige, der während der Ehezeit mehr an Rentenanwartschaften erworben hat, ist gegenüber dem anderen Partner ausgleichspflichtig. Es gilt der sogenannte Halbteilungsgrundsatz. Das bedeutet, dass grundsätzlich beiden Ehepartnern an den während der Ehezeit erworbenen Rentenanwartschaften die Hälfte zusteht.

ACHTUNG

Der Versorgungsausgleich findet bei einer Scheidung zwangsläufig statt, es sei denn, es wurde zwischen den Ehepartnern vertraglich ein Versorgungsausgleichsausschluss (siehe Seite 71f.) vereinbart.

Ziel des Versorgungsausgleichs

Durch den Versorgungsausgleich soll gewährleistet werden, dass jeder der geschiedenen Ehegatten eine eigenständige Alters- und Invaliditätsabsicherung erhält. Zu diesem Zweck wird das von den Ehegatten während der Ehezeit begründete Versorgungsvermögen gleichmäßig – nämlich hälftig – aufgeteilt, das heißt, die geschiedene Ehefrau und der geschiedene Ehemann sollen im Alter für die Zeit ihrer Ehe gleich hohe ehezeitbezogene Renten erhalten.

Gegenstand des Versorgungsausgleichs

Zum Versorgungsausgleich zählen sämtliche Alters- und Invaliditätszahlungen beziehungsweise Anwartschaften. Meistens erfolgt eine Scheidung in jüngeren Jahren, sodass noch keine Pensions- beziehungsweise Rentenzahlungen erfolgen. Es werden somit lediglich die Anwartschaften auf Pensionen beziehungsweise Renten ausgeglichen.

Man unterscheidet grundsätzlich zwischen dem öffentlich-rechtlichen Versorgungsausgleich und dem schuldrechtlichen Versorgungsausgleich. Unter den öffentlich-rechtlichen Versorgungsausgleich fallen die gesetzlichen Rentenanwartschaften, zum Beispiel erworbene Anwartschaften bei der deutschen Rentenversicherung oder Anwartschaften auf Pensionen von Beamten. Beim öffentlich-rechtlichen Versorgungsausgleich erhält der Ausgleichsberechtigte eine eigenständige Versorgung.

Der schuldrechtliche Versorgungsausgleich betrifft meist Betriebsrenten. Er kann sich grundsätzlich erst dann auswirken, wenn der ausgleichspflichtige Ehepartner die Rente (Betriebsrenten sind schuldrechtlich auszugleichende Versorgungen) bezieht. Die Rentenzahlung hängt somit vom Rentenanspruch des Ausgleichspflichtigen ab. Die Betriebsrenten stellen in aller Regel keine dynamischen Rentenanwartschaften dar. Da die gesetzlichen Rentenanwartschaften eine jährliche Anpassung an die Lebenshaltungskosten erfahren, sind beide Rentenanwartschaften grundsätzlich nicht vergleichbar. Um eine Vergleichbarkeit herzustellen, müssen die Betriebsrenten oder auch Lebensversicherungen auf Rentenbasis als weitere Rentenart, die den schuldrechtlichen Versorgungsausgleich betrifft, mittels eines komplizierten Umrechnungsmodus in dynamische Rentenpunkte umgewandelt werden.

Tipp: Liegen in Ihrem Fall außer den gesetzlichen Rentenanwartschaften weitere betriebliche oder private Rentenanwartschaften vor, sollten Sie sich stets durch Ihren Anwalt beziehungsweise bei der zuständigen Rentenberatungsstelle beraten lassen. Eine fehlerhafte Versorgungsausgleichsberechnung kann erhebliche finanzielle Nachteile für Sie im Alter bedeuten.

Das Versorgungsausgleichsverfahren

Das gerichtliche Verfahren über den Versorgungsausgleich wird grundsätzlich von Amts wegen eingeleitet. Das Berechnungsverfahren ist sehr kompliziert. Nach Stellung des Scheidungsantrags erhält Ihr Anwalt über das Familiengericht die entsprechenden Formulare. Er leitet die Formulare zum ordnungsgemäßen Ausfüllen und anschließenden Zurücksenden an Sie weiter. Ihre Rentenanwartschaften beziehungsweise Beschäftigungs- und/oder Kindererziehungszeiten sind darin anzugeben.

Das Familiengericht setzt Ihnen zum Ausfüllen der Fragebögen eine Frist von vier Wochen. Sobald die ausgefüllten Formulare dem Gericht vorliegen, übersendet dieses die Formulare zur Prüfung an die gegnerische Partei.

ACHTUNG

Überprüfen Sie bitte die Auskünfte Ihres Ehegatten hinsichtlich der insgesamt angegebenen Rentenanwartschaften sowie der entsprechenden Beschäftigungszeiten, damit eventuell falsche oder unvollständige Angaben frühzeitig moniert werden können.

Das Gericht holt anschließend die notwendigen Auskünfte über die Rentenanwartschaften bei den zuständigen Versicherungsträgern ein. Dies können die deutsche Rentenversicherung oder entsprechende Versorgungswerke unterschiedlicher Berufsgruppen sowie Beamtenkassen oder betriebliche Rentenversicherungen und Lebensversicherungen auf Rentenbasis sein.

Die Auskünfte sind für die Ehezeit einzuholen. Es sind lediglich die Anwartschaften ausgleichspflichtig, die während der Ehezeit erworben worden sind.

Die Bestimmung der Ehezeit

Die Ehezeit beginnt im versorgungsausgleichsrechtlichen Sinn nicht mit dem Tage des tatsächlichen Eheschlusses, sondern jeweils zum Monatsersten im Monat der Eheschließung. Erfolgte die standesamtliche Hochzeit also am

8.4.1999, beginnt die Ehe im versorgungsausgleichsrechtlichen Sinne am 1.4.1999.

Für den Eheendzeitpunkt gilt für den Versorgungsausgleich ebenfalls ein besonderer Zeitpunkt. Als Ende der Ehezeit gilt das jeweilige Monatsende, das dem Eintritt der Rechtshängigkeit des Scheidungsantrags vorausgeht. Wie Sie bereits wissen, muss der Scheidungsantrag durch einen Rechtsanwalt beim zuständigen Familiengericht eingereicht werden. Dieser Scheidungsantrag wird von Amts wegen durch das Familiengericht Ihrem Ehepartner zugestellt. Der Scheidungsantrag ist somit rechtshängig an dem Tag, an dem die Zustellung erfolgte. Ist der Scheidungsantrag Ihrem Ehegatten am 16.5.2007 zugestellt worden, so wird für den Versorgungsausgleich das Ende der Ehezeit auf den 30.4.2007 festgesetzt. Für die sonstigen Rechtswirkungen gilt für das Ehezeitende die Rechtskraft des Scheidungsurteils.

Tipp: Haben Sie als Ausgleichsberechtigte/-berechtigter bereits einen Scheidungsantrag bei Gericht eingereicht und ruht dieses Verfahren, zum Beispiel weil Versöhnungsversuche stattgefunden haben oder Sie die Scheidung zum jetzigen Zeitpunkt doch nicht durchführen wollen, kann es für Sie ratsam sein, den Scheidungsantrag zurückzunehmen, da dann bei einer später durchgeführten Scheidung als Ehezeitende ein neuer Zeitpunkt festgesetzt wird. Ruht das Verfahren über Jahre und stellt beispielsweise Ihr Ehepartner dann einen Scheidungsantrag, so kann gegebenenfalls das Ehezeitende vom Gericht auf den Zeitpunkt des ersten Scheidungsantrags festgesetzt werden, was für Sie erhebliche Rentennachteile bedeuten könnte.

Rentnerprivileg

Es kommt auch vor, dass zum Zeitpunkt des Scheidungsantrags bereits eine der Parteien Rentenzahlungen erhält. Es gilt dann das sogenannte Rentnerprivileg. Das bedeutet, dass zum Zeitpunkt der Scheidung eine Übertragung der Rentenpunkte nicht sofort erfolgt. Die Übertragung der Rentenpunkte erfolgt erst, wenn der Ausgleichsberechtigte selbst Rentenzahlungen erhält. Der Ehepartner, der bereits Rente erhält, bekommt seine ungekürzte Rente so lange weiter, bis der andere Ehepartner ebenfalls Rentenzahlungen erhält.

Lebensversicherungen

Die Aufteilung von reinen Kapitallebensversicherungen oder Versicherungen, bei denen das Wahlrecht zwischen einer Einmal- und Rentenzahlung zum Scheidungszeitpunkt noch nicht ausgeübt wurde, wird nicht im Versorgungsausgleich geregelt. Die Aufteilung dieser Versicherungen erfolgt im Zugewinnausgleich (siehe Seite 98ff.). Lediglich reine Lebensversicherungen auf Rentenbasis fallen in den Versorgungsausgleich. Hierbei ist zu beachten, dass das Wahlrecht zum Scheidungszeitpunkt bereits unwiderruflich ausgeübt sein muss, damit die entsprechende Versicherung im Versorgungsausgleich berücksichtigt wird. Lebensversicherungen auf reiner Rentenbasis sind allerdings äußerst selten, sodass normalerweise ein Ausgleich der Lebensversicherungen im Zugewinnausgleich erfolgt.

Tipp: Gegebenenfalls können Sie durch entsprechende Rechtsgestaltung erreichen, dass ein Vermögenswert (Lebensversicherung) weder in den Zugewinnausgleich noch in den Versorgungsausgleich fällt. Erkundigen Sie sich frühzeitig bei Ihrem Anwalt, damit eine entsprechende Rechtsgestaltung bereits bei außergerichtlichen Verträgen berücksichtigt werden kann.

Ausschluss des Versorgungsausgleichs

Die Durchführung des Versorgungsausgleichs kann im Einzelnen ungerecht sein und deshalb ausgeschlossen werden. Eine sogenannte Unbilligkeit liegt immer dann vor, wenn die Durchführung eines Versorgungsausgleichs aus rein sachlichen Gründen als überaus ungerecht empfunden wird. Es muss ein entsprechender Antrag gestellt werden. Das Gericht prüft diesen dann im Einzelnen und berücksichtigt dabei die Verhältnisse beider Ehepartner. Der BGH hat zum Beispiel die Durchführung des Versorgungsausgleichs als ungerecht angesehen, wenn ein Ehepartner arbeitete, während der andere sich im Gefängnis befand.

Des Weiteren kann die Durchführung des Versorgungsausgleichs ungerecht sein, wenn beispielsweise der Ausgleichspflichtige während der Ehedauer gearbeitet hat und gleichzeitig allein für die Kinderbetreuung zuständig war. Eine Unbilligkeit liegt auch dann vor, wenn ein Ehepartner ein erhebliches Einkommen aus seiner Selbstständigkeit bezieht und keine Rentenanwartschaften erwirtschaftet hat, während der Ausgleichspflichtige ein kleines versicherungspflichtiges Einkommen und damit Rentenanwartschaften erworben hat. In diesem Fall ist es ungerecht, wenn der Ausgleichspflichtige als der hier wirtschaftlich Schwächere einen entsprechenden Ausgleich vornehmen müsste.

Ein besonderes Problem stellen die Fälle dar, in denen ein Ehepartner während der Ehezeit studiert und der andere für die Familie den Unterhalt verdient hat. Die Gerichte haben diese Fälle nicht einheitlich entschieden. Es ist jedoch eine Tendenz erkennbar, bei der eine Kürzung des Versorgungsausgleichs stattfindet. Es erfolgt somit lediglich ein Teilausgleich. Eine Unbilligkeit kann auch dann vorliegen, wenn der wesentlich ältere Ehemann bereits eine Altersrente erhält, während die wesentlich jüngere Frau noch die Möglichkeit hat, erhebliche Anwartschaften zu erwirtschaften.

Eine kurze Ehedauer führt grundsätzlich nicht zum Ausschluss des Versorgungsausgleichs. Lediglich bei einer extrem kurzen Ehedauer von nur wenigen Wochen oder einem Monat kann der Versorgungsausgleich ausgeschlossen werden. Hierbei ist auch zu berücksichtigen, dass der Versorgungsausgleich bei extrem kurzer Ehedauer kaum beziffert werden könnte.

Verzicht auf den Versorgungsausgleich

Wollen die Parteien auf den Versorgungsausgleich schon vor Einreichung des Scheidungsantrags verzichten, müssen sie dies durch einen entsprechenden notariellen Vertrag regeln. Sie werden dann vom Notar darauf hingewiesen, dass der Verzicht auf den Versorgungsausgleich nur wirksam ist, wenn nicht innerhalb eines Jahres ein Scheidungsantrag gestellt wird. Dadurch soll vermieden werden, dass einer der Ehepartner ahnungslos eine für ihn negative Vereinbarung unterschreibt, während der andere Ehepartner insgeheim bereits die Scheidung plant.

Ein Ausschluss oder Verzicht kann auch während eines Scheidungsverfahrens erfolgen. Die Gerichte prüfen hierbei allerdings immer, ob die entsprechende Regelung gerecht erscheint.

Abtrennung des Versorgungsausgleichsverfahrens

Die Rentenversichcrungsträger brauchen unter Umständen sehr lange, um die für den Versorgungsausgleich notwendigen Auskünfte zu crteilen. Dies ist meistens dann der Fall, wenn zunächst eine Kontenklärung erforderlich ist oder Rentenanwartschaften im Ausland erworben wurden. Das Scheidungsverfahren kann sich dadurch erheblich in die Länge ziehen. Haben Sie nachvollziehbare Gründe, warum die Scheidung schnellstmöglich durchzuführen ist, so besprechen Sie die Angelegenheit mit Ihrem Anwalt, um das Versorgungsausgleichsverfahren gegebenenfalls vom Scheidungsverfahren abtrennen zu lassen.

Verzögerung des Scheidungsverfahrens

Wollen Sie das Scheidungsverfahren hinauszögern? Sie wollen eigentlich nicht geschieden werden oder Sie wollen Ihren Ehepartner »ärgern«. Sei es, der Ehepartner möchte schnellstmöglich wieder heiraten, oder Sie haben andere Gründe. Das Verfahren können Sie verzögern, indem Sie die Formulare für den Versorgungsausgleich nicht innerhalb der vierwöchigen Frist zurücksenden. Das Verstreichenlassen der Frist hat keine Folgen für Sie. Sie werden dann erneut vom Gericht aufgefordert, die Formulare auszufüllen und zurückzusenden. Hierbei können bereits mehrere Wochen oder Monate verstreichen. Wenn Sie mehreren Aufforderungen nicht nachkommen, wird das Gericht die Festsetzung eines Zwangsgeldes androhen und spätestens dann sollten Sie der Aufforderung folgen.

Eine Verfahrensverzögerung kann auch dadurch erfolgen, dass Sie den Scheidungstermin kurzfristig absagen. Es muss aber ein ausreichender Grund vorliegen und dieser auch nachgewiesen werden. Ansonsten laufen Sie Gefahr, dass gegen Sie ein Ordnungsgeld verhängt wird. Die Scheidung wird aber trotzdem nicht durchgeführt, da im Scheidungstermin beide Ehepartner gleichzeitig anwesend sein müssen.

Eine weitere Verzögerungsmöglichkeit haben Sie, indem Sie nach dem Scheidungsurteil Berufung einlegen.

CHECKLISTE

Zum Abschluss noch einmal das Wichtigste zum Thema Scheidung auf einen Blick:

✔ Eine Ehe kann nur durch ein Gericht geschieden werden.

✔ Leben Sie bereits ein Jahr getrennt und sind grundsätzlich beide Ehegatten mit der Scheidung einverstanden und keine weiteren Angelegenheiten zu regeln, so kann der Scheidungsantrag durch einen Anwalt eingereicht werden. Der nicht anwaltlich vertretene Ehepartner stimmt lediglich dem Scheidungsantrag zu. Es erfolgt eine einvernehmliche Scheidung, die innerhalb kurzer Zeit durchgeführt werden kann.

✔ Sind Sie sich mit Ihrem Ehepartner bezüglich der Scheidung nicht einig, das heißt, einer von Ihnen beiden möchte nicht geschieden werden oder es besteht Uneinigkeit über Folgesachen, so kann nur eine streitige Scheidung erfolgen.

✔ Leben Sie bereits seit drei Jahren von Ihrem Ehepartner getrennt, so gilt die unwiderlegbare Vermutung, dass die Ehe gescheitert ist und der Richter muss dem Scheidungsantrag ohne nähere Sachprüfung stattgeben.

✔ Eine Härtefallscheidung liegt vor, wenn es Ihnen aufgrund des Verhaltens Ihres Ehepartners nicht zuzumuten ist, dass Sie das Trennungsjahr abwarten. Dies ist beispielsweise bei Straftaten gegen Sie gegeben.

✔ Für die Durchführung des Scheidungsverfahrens sind ausschließlich die Familiengerichte zuständig. Die Familiengerichte sind bei den Amtsgerichten angesiedelt. Schwieriger ist es das örtlich zuständige Gericht zu ermitteln. Informieren Sie Ihren Anwalt über die letzte gemeinsame Wohnung, den Aufenthaltsort der Kinder etc. Er wird anhand Ihrer Information den Antrag beim zuständigen Gericht einreichen.

✔ Bei Einreichung des Scheidungsantrags muss vorliegen:

• Das Familienstammbuch, gegebenenfalls ein Duplikat.

• Der Gerichtskostenvorschuss muss Ihrem Anwalt zur Verfügung gestellt werden oder gegebenenfalls ein Prozesskostenhilfeantrag mit den entsprechenden Anlagen (siehe Seite 119).

• Der Anwalt/die Anwältin möchte in aller Regel einen Kostenvorschuss für seine/ihre Tätigkeit.

• Dem Anwalt ist eine Vollmacht für die Durchführung des Scheidungsverfahrens zu erteilen.

✔ Mit der Scheidung ist zwingend der Versorgungsausgleich zu regeln. Sie erhalten nach dem Einreichen des Scheidungsantrags vom Familiengericht die Fragebögen zum Versorgungsausgleich. Füllen Sie diese sorgfältig aus und übersenden Sie sie an Ihren Anwalt (wenn Sie anwaltlich vertreten sind) oder ansonsten direkt an das Gericht. Das Gericht holt bei Ihrem Rentenversicherungsträger Auskünfte über Ihr Versicherungskonto ein. Der Ehepartner, der während der Ehezeit höhere Rentenanwartschaften erworben hat, ist dem anderen Ehepartner gegenüber hälftig ausgleichspflichtig.

✔ Den Scheidungstermin müssen Sie persönlich wahrnehmen. In aller Regel (wenn nur die Scheidung und der Versorgungsausgleich zu regeln ist) dauert er maximal 15 Minuten. Sie werden vom Richter gefragt, ob Sie die Ehe für gescheitert halten. Die Rentenanwartschaften werden übertragen und Sie sind geschieden. Wenn beide Ehepartner anwaltlich vertreten sind, dann kann auf Rechtsmittel verzichtet werden, sodass Sie rechtskräftig geschieden sind. Ist das nicht der Fall müssen Sie noch 4 Wochen warten bis die Scheidung rechtskräftig ist.

DIE SCHEIDUNGSFOLGEN

Etwas Amüsantes zum Anfang: Treffen sich zwei Freunde nach einiger Zeit wieder einmal. Meint der eine: »Gestern ist meine Scheidung endlich durchgegangen – das Ganze hat mich mehr als meine Hochzeit gekostet.« Darauf der andere: »Mach Dir nichts draus, dafür hast Du auch länger Freude daran...«

Die Reform des Unterhaltsrechts

Zwar liegt die endgültige Fassung der Reform vor, trotzdem ist der Termin des Inkrafttretens wieder offen (siehe Seite 194ff.). Die Konsequenzen, die sich aus der Reform ergeben, sind jedoch derzeit noch nicht absehbar. Deshalb kann hier nur vorläufig zu den kommenden Veränderungen Stellung bezogen werden.

Die gesellschaftlichen Verhältnisse haben sich in den letzten Jahren erheblich verändert. Die Zahl der Scheidungen ist ständig gestiegen. Derzeit wird mehr als jede dritte Ehe geschieden – Tendenz weiter steigend, sodass man sicherlich bald von jeder zweiten Ehe ausgehen kann. In der Regel werden die Ehen bereits nach kurzer Zeit geschieden, und nicht selten lässt sich ein Mensch mehrmals in seinem Leben scheiden. Das hat zur Folge, dass immer mehr Zweitfamilien gegründet werden, aus denen häufig weitere Kinder hervorgehen. Außerdem hat sich die Zahl der Eltern, die in einer nicht ehelichen Lebensgemeinschaft leben oder alleinerziehend sind, ständig erhöht. Auch der geänderten Rollenverteilung innerhalb einer Ehe, in der immer häufiger beide Partner berufstätig bleiben oder nach einer erziehungsbedingten Unterbrechung ihre Erwerbstätigkeit wieder aufnehmen, soll Rechnung getragen werden. Ein Viertel aller Kinder leben nicht mehr im Haushalt ihrer verheirateten Eltern. Hinzu kommt, dass nahezu 40 Prozent der Sozialhilfeempfänger minderjährig sind.

Das neue Unterhaltsrecht soll diese veränderte Gesellschaftsstruktur berücksichtigen. Der Entwurf verfolgt vor diesem Hintergrund drei Ziele:

1. die Stärkung des Kindeswohls
2. die Betonung des Grundsatzes der Eigenverantwortung nach der Ehe
3. die Vereinfachung des Unterhaltsrechts

Um diese zu erreichen, sieht der Entwurf Folgendes vor:
• Die Stärkung des Kindeswohls wird vor allem durch eine Änderung der Rangfolge im Unterhaltsrecht erreicht. Den minderjährigen und privilegierten volljährigen Kindern wird der Vorrang vor allen anderen Unterhaltsansprüchen eingeräumt. Dadurch soll die Zahl der minderjährigen Sozialhilfeempfänger reduziert werden. Ob dies tatsächlich gelingt, bleibt abzuwarten.
• Der Stärkung des Kindeswohls dient auch die Ausweitung des Anspruchs eines nicht verheirateten Elternteils auf Unterhalt wegen Betreuung eines Kindes. Die hohen Anforderungen, um über das Ende des dritten Lebensjahrs des Kindes hinaus Unterhalt geltend machen zu können, werden abgesenkt.
• Der Mindestunterhalt minderjähriger Kinder wird in Anlehnung an den steuerlichen Freibetrag für das tatsächliche Existenzminimum eines Kindes (Kinderfreibetrag) festgesetzt.
• Die Eigenverantwortung geschiedener Ehegatten für den eigenen Unterhalt wird gestärkt. Es besteht durch die Reform die Möglichkeit, alle Unterhaltstatbestände in Bezug auf die Höhe und den Zeitraum zu beschränken. Die Anforderungen an die Wiederaufnahme einer Erwerbstätigkeit nach der Scheidung werden verschärft. Bei den Änderungen werden die Belange der Kinder, die noch der Betreuung bedürfen, stets berücksichtigt.
• Das Unterhaltsrecht wird durch die gesetzliche Definition des Mindestunterhalts minderjähriger Kinder, die Neuregelung der Kindergeldverrechnung, die Aufhebung der Regelbetragsverordnung, die Konzentration der Vorschriften zur Begrenzung des nachehelichen Unterhalts auf eine Norm und eine klare Regelung der unterhaltsrechtlichen Rangfolge vereinfacht. Zudem kann der nacheheliche Unterhalt nunmehr ausdrücklich beschränkt oder versagt werden, wenn der Berechtigte mit einem neuen Partner in einer festen Lebensgemeinschaft lebt.
• Die Übergangsvorschriften gewährleisten für Altfälle eine behutsame Anpassung an das neue Recht.
Nach dem alten Unterhaltsrecht stehen die minderjährigen Kinder und die »Erstehefrau« gemeinsam an erster Stelle, wodurch die Gründung einer weite-

ren Familie erheblich erschwert wird. Nunmehr sollen, wie bereits oben erwähnt, allein die minderjährigen und privilegierten volljährigen Kinder im ersten Rang stehen. Die Ehefrauen aus erster und zweiter Ehe stehen demgegenüber gleichrangig an zweiter Stelle.

Weitere konkrete Ausführungen und Darstellungen zum neuen Unterhaltsrecht finden Sie bei den jeweiligen Unterhaltsansprüchen. Nachfolgend wird zunächst das derzeit noch geltende Unterhaltsrecht erläutert. Im Anschluss daran erfolgt eine Darstellung der Unterhaltsrechtsreform, bei der allerdings der konkrete Zeitpunkt des Inkrafttretens noch nicht feststeht.

Der nacheheliche Unterhalt nach derzeitigem Recht

Der Gesetzgeber sieht auch bei der derzeit geltenden Rechtslage vor, dass nach einer Scheidung jeder Ehepartner verpflichtet ist, für sich selbst zu sorgen. Die Realität sieht allerdings anders aus. Unter bestimmten Voraussetzungen hat der geringer beziehungsweise nicht verdienende Ehepartner doch einen Unterhaltsanspruch.

Betreuungsunterhalt

§ 1570 BGB »Unterhalt wegen Betreuung eines Kindes« besagt:

> *Ein geschiedener Ehegatte kann von dem anderen Unterhalt verlangen, solange und soweit von ihm wegen der Pflege oder Erziehung eines gemeinschaftlichen Kindes eine Erwerbstätigkeit nicht erwartet werden kann.*

Das heißt, der Ehepartner, der gemeinsame Kinder betreut und dadurch nicht in der Lage ist zu arbeiten, kann von dem anderen Ehepartner Unterhalt verlangen. Nach der bisherigen Rechtsprechung des BGH war ein betreuender Elternteil nicht verpflichtet zu arbeiten, wenn das Kind unter 8 Jahren ist. Zwischen 8 und 11 Jahren kam es auf den Einzelfall an, zwischen 11 und 15 Jahren bestand eine Verpflichtung, Teilzeit zu arbeiten, und ab Vollendung des 15. Lebensjahres war der betreuende Elternteil verpflichtet, einer Vollzeitbeschäftigung nachzugehen. Ein Ehegatte, der zwei oder mehr Kinder unter 15 Jahren betreute, hatte diese Verpflichtung nicht.

ACHTUNG

Hat der betreuende Elternteil während der intakten Ehe bereits Teilzeit oder Vollzeit gearbeitet, so ist die Arbeit fortzuführen. Er kann sich dann nicht darauf berufen, dass eine Arbeitsverpflichtung nicht vorliegen würde.

Diese durch die Rechtsprechung festgelegten Altersgrenzen sind allerdings keine starren Grenzen. Es ist gegebenenfalls immer der Einzelfall zu betrachten. Benötigt ein Kind aufgrund einer Behinderung oder aus sonstigen Gründen besonderen Betreuungsaufwand, so kann die Arbeitspflicht (die sogenannte Erwerbsobliegenheit) auch erst wesentlich später eintreten.

Des Weiteren ist die Arbeitspflicht nicht gleichzusetzen mit einer Beschäftigung und einem daraus anrechenbaren Einkommen. Die Pflicht zur Arbeit bedeutet lediglich, dass der Unterhaltsberechtigte alles tun muss, um eine entsprechende Tätigkeit zu finden. Der Bundesgerichtshof sah hierbei die Erstellung von 20 Bewerbungen pro Monat als angemessen an. Die Untergerichte haben teilweise auch wesentlich weniger Bewerbungen bereits als ausreichend empfunden.

Unterhalt wegen Alters

§ 1571 BGB »Unterhalt wegen Alters« sieht vor:

(1) Ein geschiedener Ehegatte kann von dem anderen Unterhalt verlangen, soweit von ihm im Zeitpunkt
1. der Scheidung,
2. der Beendigung der Pflege oder Erziehung eines gemeinschaftlichen Kindes oder

3. des Wegfalls der Voraussetzungen für einen Unterhaltsanspruch nach den §§
1571 und 1573
wegen seines Alters eine Erwerbstätigkeit nicht mehr erwartet werden kann.

Für den Begriff »Alter« zieht das Gesetz keine festen Grenzen. Der Anspruch ist auf jeden Fall gegeben, wenn das Rentenalter (65 Jahre) erreicht wurde. Des Weiteren, wenn typischerweise in diesem Alter in der jeweiligen Berufssparte keine angemessene Arbeit gefunden werden kann.

Unterhalt wegen Krankheit oder Gebrechens

§ 1572 BGB »Unterhalt wegen Krankheit oder Gebrechens« lautet:

Ein geschiedener Ehegatte kann von dem anderen Unterhalt verlangen, solange
und soweit von ihm vom Zeitpunkt
1. der Scheidung,
2. der Beendigung der Pflege oder Erziehung des gemeinschaftlichen Kindes,
3. der Beendigung der Ausbildung, Fortbildung oder Umschulung oder
4. des Wegfalls der Voraussetzungen für einen Unterhaltsanspruch nach § 1573
an wegen Krankheit oder anderer Gebrechen oder Schwäche seiner körperlichen
oder geistigen Kräfte eine Erwerbstätigkeit nicht erwartet werden kann.

Hiernach kann ein Ehepartner Unterhalt verlangen, wenn er krankheitsbedingt nicht in der Lage ist zu arbeiten. Die Krankheit muss sich entweder unmittelbar an die Ehe anschließen oder an die Unterhaltsansprüche anknüpfen.

Der Gesetzeswortlaut ist im Ergebnis nur eine Umschreibung des Begriffs der Erwerbsunfähigkeit. Nicht ausreichend sind also übliche körperliche Abnutzungserscheinungen. In der Praxis bestehen bei diesem Sachverhalt die meisten Probleme im konkreten Nachweis der vollen oder teilweisen Erwerbsunfähigkeit.

Unterhalt wegen Erwerbslosigkeit und Aufstockungsunterhalt

Der Unterhalt bis zur Erlangung angemessener Erwerbstätigkeit ist in § 1573 BGB geregelt:

> (1) Soweit ein geschiedener Ehegatte keinen Unterhaltsanspruch nach den §§ 1570 bis 1572 hat, kann er gleichwohl Unterhalt verlangen, solange und soweit er nach der Scheidung keine angemessene Erwerbstätigkeit zu finden vermag. (...)
>
> (4) Der geschiedene Ehegatte kann auch dann Unterhalt verlangen, wenn die Einkünfte aus einer angemessenen Erwerbstätigkeit wegfallen, weil es ihm trotz seiner Bemühungen nicht gelungen war, den Unterhalt durch die Erwerbstätigkeit nach der Scheidung nachhaltig zu sichern. War es ihm gelungen, den Unterhalt teilweise nachhaltig zu sichern, so kann er den Unterschiedsbetrag zwischen dem nachhaltig gesicherten und dem vollen Unterhalt verlangen.
>
> (5) Die Unterhaltsansprüche nach Abs. 1 bis 4 können zeitlich begrenzt werden, soweit insbesondere unter Berücksichtigung der Dauer der Ehe sowie der Gestaltung von Haushaltsführung und Erwerbstätigkeit ein zeitlich unbegrenzter Unterhaltsanspruch unbillig wäre; dies gilt in der Regel nicht, wenn der Unterhaltsberechtigte nicht nur vorübergehend ein gemeinschaftliches Kind allein oder überwiegend betreut hat oder betreut. Die Zeit der Kindesbetreuung steht der Ehedauer gleich.

Dieser Unterhaltsanspruch soll den Anspruchsberechtigten vor dem sozialen Abstieg schützen, wenn er während der Ehe nicht oder nur teilweise erwerbstätig war. Es kann nur verlangt werden, eine angemessene Tätigkeit auszuüben. Eine geschiedene Frau eines gut verdienenden Arztes, Rechtsanwalts, Bankers etc. braucht daher in der Regel nicht mehr in ihren erlernten Beruf als Krankenschwester, Sekretärin, kaufmännische Angestellte zurückkehren, wenn sie während der Ehe nicht berufstätig war. Bei kürzerer Ehedauer kann dies von den Gerichten entsprechend anders bewertet werden. Die Rechtsprechung hat es beispielsweise als angemessen angesehen, dass die Frau eines Diplomingenieurs mit einem Monatseinkommen von zirka 3 000 Euro netto eine gehobene eigenständige Tätigkeit als Sachbearbeiterin aufnimmt, auch wenn sie hierbei nur 1 000 Euro netto verdient.

Bei einer »Heirat unter dem Stand« kann eine Akademikerin, die in ihrer Ehe mit einem Arbeiter als Hausfrau tätig war, sich nicht darauf berufen, dass sie keine adäquate Tätigkeit in ihrem Berufsbild findet. Sie muss auch niedrigere Arbeiten annehmen, da die ehelichen Lebensverhältnisse auf die Tätigkeit des Mannes als Arbeiter zugeschnitten waren.

Hinsichtlich einer Doppelverdienerehe kann der Anspruch sowohl der Höhe als auch der Dauer nach begrenzt werden.

Unterhalt wegen Unzumutbarkeit

§ 1574 »Angemessene Erwerbstätigkeit« besagt:

> (1) Der geschiedene Ehegatte braucht nur eine ihm angemessene Erwerbstätigkeit auszuüben.
> (2) Angemessen ist eine Erwerbstätigkeit, die der Ausbildung, den Fähigkeiten, dem Lebensalter und dem Gesundheitszustand des geschiedenen Ehegatten sowie den ehelichen Lebensverhältnissen entspricht; bei den ehelichen Lebensverhältnissen sind die Dauer der Ehe und die Dauer der Pflege oder Erziehung eines gemeinschaftlichen Kindes zu berücksichtigen.
> (3) Soweit es zur Aufnahme einer angemessenen Erwerbstätigkeit erforderlich ist, obliegt es dem geschiedenen Ehegatten, sich ausbilden, fortbilden oder umschulen zu lassen, wenn ein erfolgreicher Abschluss der Ausbildung zu erwarten ist.

Kriterium für die Angemessenheit einer Erwerbstätigkeit sind die Ausbildung, die Fähigkeiten, das Lebensalter, der Gesundheitszustand und die ehebedingten Lebensverhältnisse. Hierbei sind die Ehedauer und die Zeit der Kinderbetreuung zu berücksichtigen.

Nach dieser Vorschrift muss ein Ehepartner, meist die Ehefrau, keine Arbeitsstelle annehmen, die dem Lebensstandard nicht mehr angemessen und deshalb unzumutbar ist. Zum Beispiel kann die Chefarzt-Ehefrau, die als Krankenschwester tätig war, nach der Scheidung nicht darauf verwiesen werden, dass sie wieder als Krankenschwester zu arbeiten habe.

Unterhalt wegen Aus- und Fortbildung

§ 1575 BGB »Ausbildung, Fortbildung oder Umschulung« lautet:

(1) Ein geschiedener Ehegatte, der in Erwartung der Ehe oder während der Ehe eine Schul- oder Berufsausbildung nicht aufgenommen oder abgebrochen hat, kann von dem anderen Ehegatten Unterhalt verlangen, wenn er diese oder eine entsprechende Ausbildung sobald wie möglich aufnimmt, um eine angemessene Erwerbstätigkeit, die den Unterhalt nachhaltig sichert, zu erlangen und der erfolgreiche Abschluss der Ausbildung zu erwarten ist. Der Anspruch besteht längstens für die Zeit, in der eine solche Ausbildung im Allgemeinen abgeschlossen wird; dabei sind ehebedingte Verzögerungen der Ausbildung zu berücksichtigen.

Eine im Hinblick auf die Eheschließung abgebrochene oder gar nicht erst begonnene Ausbildung kann nachgeholt werden. Der besser verdienende Ehegatte muss für die Zeit der Aus- oder Fortbildung beziehungsweise Umschulung entsprechenden Unterhalt leisten.

Unterhalt aus Billigkeitsgründen

§ 1576 BGB »Unterhalt aus Billigkeitsgründen« sieht vor:

Ein geschiedener Ehegatte kann von dem anderen Unterhalt verlangen, soweit und solange von ihm aus sonstigen schwerwiegenden Gründen eine Erwerbstätigkeit nicht erwartet werden kann und die Versagung von Unterhalt unter Berücksichtigung der Belange beider Ehegatten grob unbillig wäre. Schwerwiegende Gründe dürfen nicht allein deswegen berücksichtigt werden, weil sie zum Scheitern der Ehe geführt haben.

Diese Regelung ist lediglich als Auffangtatbestand zu sehen. Sie gilt ausschließlich zur Vermeidung von unbilligen Härtefällen. So erscheint es ungerecht, einen Unterhaltsanspruch zu versagen, wenn die Ehepartner gemeinsam entschieden haben, Pflegekinder zu betreuen, die seit Jahren in der

Familie leben. Ein Unterhaltsanspruch wegen Betreuung gemeinschaftlicher Kinder ist in diesem Fall jedoch nicht gegeben. Es bleibt lediglich die Möglichkeit, einen Unterhalt wegen Unbilligkeit zu gewähren.

Beschränkung oder Versagung des Unterhalts wegen grober Unbilligkeit

§ 1579 BGB enthält die Möglichkeit, den Unterhaltsanspruch wegen grober Unbilligkeit zu beschränken oder zu versagen. Dies ist beispielsweise dann gegeben, wenn der Unterhaltsberechtigte in einer neuen festen Lebensgemeinschaft lebt. Die Rechtsprechung geht bisher davon aus, dass eine feste Lebensgemeinschaft frühestens nach zwei Jahren vorliegen kann.

Tipp: Hat Ihr Expartner einen neuen Lebensgefährten und lebt mit diesem zusammen, so versuchen Sie bereits frühzeitig, dies unter Hinzuziehung von Zeugen zu dokumentieren.

Den Unterhaltsanspruch können Sie auch dann verwirken, wenn Ihnen ein schwerwiegendes Fehlverhalten angelastet werden kann: Sie haben zum Beispiel versucht, Ihren Ehepartner umzubringen.

Der Altersvorsorgeunterhalt

Waren Sie während der Ehe nur geringfügig oder gar nicht beschäftigt, so haben Sie keine oder nur geringfügige Rentenansprüche erworben. Ihnen kann deshalb ergänzend zum Unterhalt gegen Ihren Ehepartner der sogenannte Vorsorgeunterhalt zustehen.

Beim Vorsorgeunterhalt ist Ihr Ehepartner Ihnen gegenüber verpflichtet, einen separat vom Unterhalt zu berechnenden Geldbetrag zweckgebunden für die Altersvorsorge zur Verfügung zu stellen. Dieser Betrag muss in eine Lebens- oder Rentenversicherung einbezahlt werden. Die Höhe des Vorsorgeunterhalts wird auf Basis Ihres Unterhaltsanspruchs berechnet (siehe Seite 87). Der Vorsorgeunterhalt kommt grundsätzlich nur bei Besserverdienenden in

Betracht. Eine gerichtliche Entscheidung über den Vorsorgeunterhalt wird immer nur dann getroffen, wenn der Anspruch neben dem regelmäßigen Unterhalt von einem Ehepartner ausdrücklich geltend gemacht wird. Die Berechnung des Vorsorgeunterhalts erfolgt in vier Stufen nach der sogenannten Bremer Tabelle (siehe Anhang, Seite 160ff.):

1. Der Unterhaltsanspruch wird zunächst ohne Altersvorsorgeunterhalt berechnet.
2. Anschließend wird der so berechnete Unterhalt als fiktives Nettoeinkommen angesehen. Der berechnete Unterhaltsbetrag wird um den Arbeitgeberanteil zu den Sozialversicherungsbeiträgen (= Beiträge zur Renten-, Kranken-, Pflege- und Arbeitslosenversicherung) erhöht. Von dem so errechneten Betrag wird der volle Rentenversicherungsbeitragssatz (derzeit 19,5 Prozent) abgezogen.
3. Der so errechnete fiktive Betrag ist der Altersvorsorgeunterhalt.
4. Der berechnete Altersvorsorgeunterhalt wird vorab vom Nettoeinkommen des Unterhaltsverpflichteten abgezogen und sodann der Unterhaltsanspruch des Ehepartners auf Basis des geringeren unterhaltsrechtlichen Einkommens neu berechnet.

Der Krankenvorsorgeunterhalt

Nach der Scheidung endet die gesetzliche krankenversicherungsrechtliche Familienversicherung. Als Ehepartner, der bis dato nicht gearbeitet hat, haben Sie somit keinen Krankenversicherungsschutz. Ihre bisherige Krankenversicherung ist allerdings verpflichtet, Sie als freiwillig versichertes Mitglied weiter zu versichern. Dieser Anspruch endet jedoch drei Monate nach der Rechtskraft der Scheidung. Sie sollten sich also rechtzeitig um Ihre Krankenversicherung kümmern.

Erhalten Sie ausschließlich Unterhalt durch Ihren Ehepartner und sind nicht versicherungspflichtig beschäftigt, so sind die Krankenversicherungsbeiträge ebenfalls Teil des Unterhaltsanspruchs. Der Unterhaltsanspruch erhöht sich um den Beitragssatz zur gesetzlichen Krankenversicherung. Bei einer bestehenden Privatversicherung ist der Krankenvorsorgeunterhalt ebenfalls anteilig zu berechnen.

BEISPIEL

M verdient 3 200 Euro, F hat kein Einkommen.

Berechnung nach der Düsseldorfer Tabelle:

1. Basisunterhaltsanspruch der F
   3 200 € x 6/7 = 2 742,86 € : 2 = 1 371,43 €

2. Krankenvorsorgeunterhalt
   13,9 Prozent von 1 371,43 € = 190,63 €

3. Rentenvorsorgeunterhalt
   Voller Rentenbeitrag (19,9 Prozent) + 32 Prozent (Zuschlag aus der Bremer Tabelle) = 360,25 €.

4. Berechnung des Unterhaltsanspruchs unter Berücksichtigung des Kranken- und Rentenvorsorgeunterhalts (die Beträge für die Krankenvorsorge und Rentenvorsorge werden vorab vom unterhaltsrechtlichen Einkommen abgezogen)
   3 200 € x 6/7 = 2 742,86 € − 190,63 € − 360,25 € = 2 191,98 € : 2 = 1 095,99 €

M muss somit Unterhalt von insgesamt 1 646,87 Euro bezahlen (1 095,99 Euro Basisunterhalt + 190,63 Euro Krankenvorsorgeunterhalt + 360,25 Rentenvorsorgeunterhalt).

Berechnung nach den Süddeutschen Leitlinien:

1. Basisunterhaltsanspruch der F
   3 200 € x 9/10 = 2 880 € : 2 = 1 440 €

2. Krankenvorsorgeunterhalt
   13,9 Prozent von 1 440 € = 200,16 €

3. Rentenvorsorgeunterhalt
   Voller Rentenbeitrag (19,9 Prozent) + 33 Prozent (Zuschlag aus der
   Bremer Tabelle) = 381,12 €.

4. Berechnung des Unterhaltsanspruchs unter Berücksichtigung des
   Kranken- und Rentenvorsorgeunterhalts
   3 200 € x 9/10 = 2 880 € – 200,16 € – 381,12 € = 2 298,72 € : 2 = 1 149,36 €

M muss somit Unterhalt von insgesamt 1 730,64 Euro bezahlen
(1 149,36 Euro Basisunterhalt) + 200,16 Euro Krankenvorsorgeunterhalt
+ 381,12 Euro Rentenvorsorgeunterhalt).

Die Hausmannsrechtsprechung

Bei der sogenannten Hausmannsrechtsprechung bleibt der Unterhaltsverpflichtete in der neuen Ehe zu Hause und betreut die weiteren Kinder. Dies ist
nur unter ganz bestimmten Voraussetzungen zulasten der minderjährigen unterhaltsberechtigten Kinder aus erster Ehe zulässig. Der Unterhaltsverpflichtete ist grundsätzlich verpflichtet, auch nach einer erneuten Heirat oder dem
Eingehen einer nicht ehelichen Lebensgemeinschaft auf die frühere Familie
Rücksicht zu nehmen.

Die Gerichte erkennen diesen Tausch der derzeit noch klassischen Rollenverteilung deshalb nur an, wenn er unter Berücksichtigung der Interessen aller
Beteiligten angemessen erscheint. Dies ist beispielsweise dann der Fall, wenn
der neue Ehepartner ein wesentlich höheres Nettoeinkommen hat als der Unterhaltsverpflichtete. Der Unterhaltsverpflichtete muss dann seinen Taschengeldanspruch, den er gegenüber dem neuen Ehepartner hat, für den Unterhalt
der Kinder aus erster Ehe verwenden. Dies setzt jedoch voraus, dass der angemessene eigene Unterhalt des Unterhaltsverpflichteten gedeckt ist. Falls das
Taschengeld des Unterhaltsverpflichteten nicht ausreicht, um seinen eigenen
Unterhalt und den der Kinder aus erster Ehe zu decken, so ist er verpflichtet,
eine Nebentätigkeit aufzunehmen. Diese Verpflichtung besteht aber erst,
wenn das jüngste Kind aus zweiter Ehe das zweite Lebensjahr vollendet hat.

Bei den Unterhaltsberechnungen muss in diesem Fall auch berücksichtigt werden, dass der Unterhaltsverpflichtete durch die Rolle als Haushaltsführender nicht schlechter stehen darf als bei einer eigenen Erwerbstätigkeit. Daher ist im Rahmen einer Kontrollberechnung die finanzielle Leistungsfähigkeit des Unterhaltsverpflichteten unter Berücksichtigung eines fiktiven Einkommens (in Höhe seines letzten Einkommens beziehungsweise desjenigen Einkommens, das er verdienen könnte) sowie der Ansprüche sämtlicher Unterhaltsberechtigten zu prüfen.

Nachehelicher Unterhalt nach der Unterhaltsrechtsreform

Das Unterhaltsrecht wird insgesamt transparenter und einfacher. Das Gesetz definiert erstmals den Mindestunterhalt für minderjährige Kinder. Die Regelbetragsverordnung, die bislang alle zwei Jahre angepasst wurde, entfällt. Darüber hinaus soll die Neuregelung die Eigenverantwortlichkeit nach einer Trennung beziehungsweise Scheidung weiter fördern (§ 1569 BGB »Grundsatz der Eigenverantwortung«):

Nach jeder Scheidung obliegt es jedem Ehegatten, selbst für seinen Unterhalt zu sorgen. Ist er dazu außerstande, hat er gegen den anderen Ehegatten einen Anspruch auf Unterhalt nur nach den folgenden Vorschriften.

Betreuungsunterhalt

Der neue § 1570 BGB »Unterhalt wegen Betreuung eines Kindes« sieht Folgendes vor:

(1) Ein geschiedener Ehegatte kann von dem anderen Unterhalt verlangen, solange und soweit von ihm wegen der Pflege oder Erziehung eines gemeinschaftlichen Kindes eine Erwerbstätigkeit nicht erwartet werden kann. Dabei sind auch die bestehenden Möglichkeiten der Kinderbetreuung zu berücksichtigen.

Ein Ehegatte, der die gemeinsamen Kinder betreut und dadurch nicht in der Lage ist zu arbeiten, kann von dem anderen Ehepartner Unterhalt verlangen. Nach der Unterhaltsreform können Ehegatten bereits zu einer Teilzeit- oder Vollzeitbeschäftigung verpflichtet werden, soweit eine Kinderbetreuung möglich ist – zum Beispiel im Kindergarten, Kinderhort oder durch die Großeltern. Dadurch sollen insbesondere die Frauen wieder früher verpflichtet werden, in das Arbeitsleben zurückzukehren. Fraglich ist allerdings, ob tatsächlich adäquate Arbeitsstellen zur Verfügung stehen. Kleinkinder sind erfahrungsgemäß öfter krank, sodass die Betreuung der Kinder auch bei Krankheiten gesichert sein muss. Eine entsprechende Rechtsprechung über die tatsächlichen Arbeitsverpflichtungen nach dem neuen Unterhaltsrecht muss sich erst entwickeln.

Auch nach neuem Recht ist die Erwerbsobliegenheit nicht mit einer Beschäftigung und einem daraus anrechenbaren Einkommen gleichzusetzen.

Unterhalt wegen Alters

Es erfolgt keine Änderung zur bisherigen Rechtslage (siehe Seite 8off.). Es ist lediglich davon auszugehen, dass künftig das Rentenalter später beginnt.

Unterhalt wegen Krankheit oder Gebrechens

Auch hier erfolgt keine Änderung. Die auf Seite 81ff. dargestellte Rechtslage gilt auch weiterhin.

Unterhalt wegen Erwerbslosigkeit und Aufstockungsunterhalt

Der neue § 1573 BGB »Unterhalt bis zur Erlangung angemessener Erwerbstätigkeit« besagt:

> (1) Soweit ein geschiedener Ehegatte keinen Unterhaltsanspruch nach den §§ 1570 bis 1572 hat, kann er gleichwohl Unterhalt verlangen, solange und soweit er nach der Scheidung keine angemessene Erwerbstätigkeit zu finden vermag. (...)

(4) Der geschiedene Ehegatte kann auch dann Unterhalt verlangen, wenn die Einkünfte aus einer angemessenen Erwerbstätigkeit wegfallen, weil es ihm trotz seiner Bemühungen nicht gelungen war, den Unterhalt durch die Erwerbstätigkeit nach der Scheidung nachhaltig zu sichern. War es ihm gelungen, den Unterhalt teilweise nachhaltig zu sichern, so kann er den Unterschiedsbetrag zwischen dem nachhaltig gesicherten und dem vollen Unterhalt verlangen.
(5) – aufgehoben –

Bisher konnte ausschließlich beim Unterhalt wegen Erwerbslosigkeit und dem Aufstockungsunterhalt eine zeitliche Begrenzung des Unterhaltsanspruchs erfolgen. Dies ist nunmehr bei sämtlichen Unterhaltstatbeständen möglich. Das Kriterium der ehelichen Lebensverhältnisse soll beim Aufstockungsunterhalt nicht mehr herangezogen werden.

Unterhalt wegen Unzumutbarkeit

§ 1574 »Angemessene Erwerbstätigkeit« lautet nunmehr wie folgt:

(1) Dem geschiedenen Ehegatten obliegt es, eine angemessene Erwerbstätigkeit auszuüben.
(2) Angemessen ist eine Erwerbstätigkeit, die der Ausbildung, den Fähigkeiten, einer früheren Erwerbstätigkeit, dem Lebensalter und dem Gesundheitszustand des geschiedenen Ehegatten entspricht; soweit eine solche Tätigkeit nicht nach den ehelichen Lebensverhältnissen unbillig wäre. Bei den ehelichen Lebensverhältnissen sind insbesondere die Dauer der Ehe und die Dauer der Pflege oder Erziehung eines gemeinschaftlichen Kindes zu berücksichtigen.
(3) Soweit es zur Aufnahme einer angemessenen Erwerbstätigkeit erforderlich ist, obliegt es dem geschiedenen Ehegatten, sich ausbilden, fortbilden oder umschulen zu lassen, wenn ein erfolgreicher Abschluss der Ausbildung zu erwarten ist.

Die ehelichen Lebensverhältnisse werden nur noch im Rahmen einer Unbilligkeitsprüfung herangezogen. Man kann sich zukünftig nicht mehr auf den Lebensstandard berufen und eine Tätigkeit deshalb ablehnen, weil diese nicht dem bisherigen Lebensstandard entsprechen würde. Es steht allerdings in

Frage, ob die Arzthelferin, die den Chefarzt geheiratet hat, tatsächlich wieder als Arzthelferin arbeiten muss. Nach der bisherigen Rechtslage und Rechtsprechung war dies nicht möglich. Die Gesetzesänderung sieht zwar vor, dass die Arzthelferin wieder als Arzthelferin arbeiten muss, ob sich jedoch eine entsprechende Rechtsprechung entwickelt oder ob dies weiterhin als unbillig angesehen wird, bleibt abzuwarten.

Unterhalt wegen Aus- und Fortbildung

§ 1575 BGB bleibt unverändert in Kraft (siehe Seite 84).

Unterhalt aus Billigkeitsgründen

Auch bei diesem Punkt sieht die Reform keine Änderungen vor.

Herabsetzung und Begrenzung des Unterhalts wegen Unbilligkeit

Neu hinzugefügt wurde der § 1578 b BGB »Herabsetzung und zeitliche Begrenzung des Unterhalts wegen Unbilligkeit«:

(1) Der Unterhaltsanspruch des geschiedenen Ehegatten ist auf den angemessenen Lebensbedarf herabzusetzen, wenn eine an den ehelichen Lebensverhältnissen orientierte Bemessung des Unterhaltsanspruchs auch unter Wahrung der Belange eines dem Berechtigten zur Pflege oder Erziehung anvertrauten gemeinschaftlichen Kindes unbillig wäre. Dabei ist insbesondere zu berücksichtigen, inwieweit durch die Ehe Nachteile im Hinblick auf die Möglichkeit eingetreten sind, für den eigenen Unterhalt zu sorgen. Solche Nachteile können sich vor allem aus der Dauer der Pflege oder Erziehung eines gemeinschaftlichen Kindes, aus der Gestaltung von Haushaltsführung und Erwerbstätigkeit während der Ehe sowie aus der Dauer der Ehe ergeben.

Hinsichtlich der Rangfolge ist noch nachzubessern (siehe Seite 194f.)

(2) Der Unterhaltsanspruch des geschiedenen Ehegatten ist zeitlich zu begrenzen, wenn ein zeitlich unbegrenzter Unterhaltsanspruch, auch unter Wahrung der Belange eines Berechtigten zur Pflege oder Erziehung anvertrauten gemeinschaftlichen Kindes unbillig wäre. Absatz 1, Satz 2 und 3 gilt entsprechend.

(3) Herabsetzung und zeitliche Begrenzung des Unterhaltsanspruchs können miteinander verbunden werden.

Eine zeitliche Begrenzung des Unterhaltsanspruchs soll nunmehr die Regel darstellen. Bisher galt dies als Ausnahme. Die Eigenverantwortlichkeit nach einer Trennung/Scheidung soll dadurch noch mehr gestärkt werden. Die zeitliche Begrenzung des Unterhaltsanspruchs gibt dem Unterhaltsverpflichteten die Möglichkeit, wesentlich früher mehr Geld für die Zweitfamilie zur Verfügung zu haben.

Rangfolge der Unterhaltsberechtigten

Verfügt ein Unterhaltspflichtiger nicht über genügend Einkommen, um alle bestehenden Unterhaltsansprüche zu erfüllen (sogenannte Mangelfälle), gilt künftig eine Rangfolge. Den Unterhaltsansprüchen von Kindern wird dabei Vorrang vor allen anderen Unterhaltsansprüchen eingeräumt, und zwar unabhängig davon, aus welcher Verbindung sie stammen.

Unterhaltsberechtigte Kinder müssen minderjährig und unverheiratet sein oder, sofern sie im Haushalt der Eltern oder eines Elternteils leben und sich noch in der allgemeinen Schulausbildung befinden, unter 21 Jahre alt und unverheiratet sein. Dadurch soll die Zahl der minderjährigen Sozialhilfeempfänger reduziert werden.

Im zweiten Rang stehen jetzt alle Ehegatten. Nicht verheiratete Partner folgen im dritten Rang, auch wenn sie gemeinsame Kinder erziehen. Dies war der Kompromiss, auf den sich die Union und SPD im Streit um das neue Unterhaltsrecht geeinigt haben. Der Kompromiss wurde sehr unterschiedlich bewertet. Die einen begrüßen, dass der Ehe jetzt als Verantwortungsgemeinschaft ein erhöhter Schutz eingeräumt werde, die anderen beklagen, dass nicht eheliche Kinder hierdurch mittelbar weiterhin schlechter gestellt seien. Alle anderen Unterhaltsberechtigten kommen im dritten Rang.

Ein weiteres Ziel der Reform ist, die nacheheliche Eigenverantwortung zu stärken. Die bis heute geltende Privilegierung des geschiedenen Partners erscheint nicht mehr zeitgemäß. Deshalb wird das Unterhaltsrecht in Zukunft ausdrücklich vorsehen, dass jeder Ehegatte nach der Scheidung selbst für seinen Unterhalt sorgen muss. Nur wenn sie/er dazu außerstande ist, besteht ein Unterhaltsanspruch. Die geschiedene Ehegattin oder der geschiedene Ehegatte muss eine angemessene Erwerbstätigkeit ausüben. Der in der Ehe erreichte Lebensstandard wird in Zukunft nicht mehr die entscheidende Rolle spielen. Stattdessen wird es auf die persönliche Situation des Betroffenen ankommen, also etwa darauf, ob ein ausreichendes Betreuungsangebot für die Kinder zur Verfügung steht. Das neue Unterhaltsrecht sieht einen sogenannten Nachteilsausgleich für den die Kinder betreuenden Ehepartner vor. Es wird eine hypothetische Vergleichsberechnung angestellt. Es gilt zu ermitteln, wo der Ehepartner beruflich stehen würde, wenn er wegen der Kinder nicht zu Hause geblieben wäre. Der Nachteil der beruflichen Entwicklung ist auszugleichen.

BEISPIEL

Eine kaufmännische Angestellte mit gutem Abschluss arbeitet aufgrund der Kinderbetreuung nur halbtags in einem mittelständischen Unternehmen mit einem monatlichen Nettoeinkommen von 900 Euro. Sie hätte ohne die Kinderbetreuung eine leitende Stelle in einem mittelständischen Unternehmen erhalten können und dort zum Beispiel monatlich 3 000 Euro verdient. Es besteht grundsätzlich ein Anspruch auf Ausgleich dieses Nachteils, der hier konkret 2 100 Euro beträgt. Nach dem »alten« Unterhaltsrecht könnte es bei einem entsprechend hohen Einkommen des Ehepartners sein, dass ein weitaus höherer Unterhaltsanspruch gegeben wäre.

Dies wird wiederum jenen Zweitfamilien mit Kindern zugute kommen, die heute mit hohen Unterhaltszahlungen an einen Partner aus früherer Ehe belastet sind. Es bleibt allerdings abzuwarten, wie sich die Rechtsprechung diesbezüglich entwickeln wird.

Steuerrechtliche Folgen einer Trennung/Scheidung

Ehepartner können bei der Steuererklärung während der Ehe grundsätzlich zwischen der Zusammenveranlagung und der getrennten Veranlagung wählen. Die Zusammenveranlagung ist in der Regel die steuerlich günstigere Variante. Arbeitet einer der beiden Ehepartner nur in einem Teilzeitarbeitsverhältnis und besteht ein erheblicher Einkommensunterschied zum Ehepartner, so haben die Ehepartner sinnvollerweise die Steuerklassen III und V gewählt. Dies bedeutet, dass der besser verdienende Ehepartner in der Steuerklasse III eingruppiert ist und der schlechter verdienende Ehepartner in der Steuerklasse V, da bei der Steuerklasse III ein verhältnismäßig geringerer Steuerabzug erfolgt als bei der Steuerklasse V.

Im Jahr der Trennung kann die Zusammenveranlagung noch einmal gewählt werden, wenn die Ehepartner mindestens einen Tag in diesem Jahr zusammengelebt haben. Grundsätzlich besteht die Verpflichtung, bei einer Trennung beziehungsweise Scheidung im darauffolgenden Jahr die Steuerklasse zu wechseln. Sind beide Ehepartner erwerbstätig, so wechseln beide in die Steuerklasse I. Betreut ein Ehepartner gemeinsame Kinder, so wechselt dieser in die Steuerklasse II.

Tipp: Unter Umständen kann es sinnvoll sein, eine im Dezember geplante Trennung in den Januar des folgenden Jahres zu verschieben. Denn dann kommen Sie ein weiteres Jahr in den Genuss der steuerlich deutlich günstigeren Zusammenveranlagung.

Bei der Zusammenveranlagung müssen Sie die Steuererklärung gemeinsam unterzeichnen und beim Finanzamt abgeben. Steht Ihnen eine Erstattung zu, dann sollten Sie dem Finanzamt anzeigen, dass beiden Ehegatten die Steuererklärung zugesendet werden soll und die Erstattung vorab geteilt und auf zwei verschiedene Konten gezahlt wird. So vermeiden Sie Streitereien beim Ausgleich der Rückerstattung.

Ist von einer Steuernachzahlung an das Finanzamt auszugehen, haften Sie mit Ihrem Ehepartner gemeinsam. Wenden Sie sich in diesem Fall frühzeitig an Ihren Steuerberater.

Begrenztes Realsplitting

Steuervorteile, die in zumutbarer Weise erzielt werden können, sind wahrzunehmen. Sind steuerliche Vorteile durch das sogenannte begrenzte Realsplitting (§ 10 I Nr. 1 EStG) gegeben, so ist dies durchzuführen. Das bedeutet, dass der Unterhaltsverpflichtete mit Zustimmung des Unterhaltsberechtigten Ehegattenunterhalt bis zu 13 805 Euro jährlich als Sonderausgaben steuerlich absetzen kann. Hierbei wird nicht nur der gezahlte Barunterhalt berücksichtigt, sondern auch Naturalleistungen wie zum Beispiel die Bezahlung der Krankenversicherung oder die Überlassung des Miteigentumsanteils zum alleinigen Wohnen bei einer gemeinsamen Immobilie.

Der Unterhaltsberechtigte muss den erhaltenen Unterhalt dann als Einkommen versteuern. Der Unterhaltsberechtigte erleidet dadurch einen Steuernachteil. Durch die Steuerprogression ist dieser Nachteil jedoch in der Regel wesentlich niedriger als der Steuervorteil des Unterhaltspflichtigen. Der Nachteil ist deshalb vom Steuerpflichtigen auszugleichen. Das bedeutet, dass die sich ergebende Steuerlast des Unterhaltsberechtigten von dem Unterhaltsverpflichteten zu tragen ist.

Der Unterhaltsverpflichtete kann sich einen entsprechenden Freibetrag auf der Lohnsteuerkarte eintragen lassen. Er erhält dann ein höheres monatliches Nettoeinkommen. Der Unterhaltsberechtigte muss dem Realsplitting zustimmen und bekommt dafür gegenüber dem Unterhaltsverpflichteten einen Anspruch auf Ausgleich des ihm entstehenden Steuernachteils.

ACHTUNG

Prüfen Sie genau, welche Nachteile dem Unterhaltsberechtigten durch das Realsplitting entstehen. Es können sich nämlich auch Nachteile aus dem Sozialrecht ergeben (zum Beispiel Verlust von Sozialleistungen, wie Wohngeld), sodass der Nachteilsausgleich unter Umständen wesentlich höher ausfällt als die tatsächliche Steuerersparnis.

Das sogenannte Realsplitting wird mit der Unterzeichnung der Anlage U gegenüber dem Finanzamt geltend gemacht.

Unterhaltsreform und Realsplitting

Durch die Unterhaltsreform entsteht für das Realsplitting ein großer Nachteil, der an folgendem Beispiel kurz dargestellt werden soll:

BEISPIEL

Ein Ehemann hat 600 Euro über dem Selbstbehalt im Mangelfall zu verteilen. Die beiden Kinder haben einen Bedarf von je 300 Euro und seine Frau einen Bedarf von 400 Euro. Der Gesamtbedarf für die Ehefrau und die beiden Kinder beträgt insgesamt 1 000 Euro, aber nur 600 Euro sind verteilbar.

Lösung:
Nach jetzigem Recht erhalten Kind 1, Kind 2 und die Ehefrau je 200 Euro. Die 200 Euro für die Frau fallen ins Realsplitting und ergeben Steuervorteile. Nach der Unterhaltsreform bekommen Kind 1 und 2 je 300 Euro, die Ehefrau bekommt nichts, weil die zu verteilende Masse von 600 Euro bereits an die Kinder (1. Rang) zu geben war. Somit entfallen die Steuervorteile aus dem Realsplitting. Der Mann zahlt zwar auch nur 600 Euro, verliert aber die Steuervorteile.

Es wäre wünschenswert, wenn der durch die Reform entstandene Nachteil über das Steuerrecht korrigiert würde. Dies wäre beispielsweise dadurch möglich, dass zukünftig auch der Kindesunterhalt als Sonderausgaben abgesetzt werden kann.

Steuerliche Behandlung der Kosten für die Ausübung des Umgangsrechts

Leben getrennte Ehepartner sehr weit voneinander entfernt, können dem Elternteil, bei dem die gemeinsamen Kinder nicht ständig wohnen, sehr hohe Kosten für den Besuch der Kinder entstehen. Bisher konnten die Kosten für den direkten, persönlichen Kontakt zu den Kindern steuerlich nicht geltend gemacht werden. Das Finanzgericht Hessen hat inzwischen jedoch eine für alle umgangsberechtigten Elternteile positive Entscheidung getroffen. Es hat anerkannt, dass Kosten, die einem Steuerpflichtigen durch die Kontaktpflege mit seinen Kindern entstehen, außergewöhnliche Belastungen im Sinne des § 33 Einkommensteuergesetz darstellen. Sie sind damit als außergewöhnliche Belastungen absetzbar. Die Finanzverwaltung hat allerdings gegen dieses Urteil Revision beim Bundesfinanzhof (BFH) eingelegt. Das Urteil kann vom BFH somit abgeändert werden. Allerdings hat der BFH in einem früheren Urteil bereits angedeutet, dass diese Aufwendungen tatsächlich zwangsläufig sein können und somit steuerlich relevant wären.

Tipp: Dokumentieren Sie die Ihnen für die Kontaktpflege mit Ihren Kindern entstandenen Ausgaben. Sind diese höher als die zumutbare Belastung, die sich für jeden Steuerpflichtigen individuell aus dem Gesetz ergibt, können sie steuerlich angesetzt werden. Lehnt das Finanzamt dies ab, kann Ihr Steuervorteil durch einen fristgerechten Einspruch und einen Antrag auf Ruhen des Verfahrens bis zur Entscheidung des BFH gerettet werden.

Zugewinnausgleich und Vermögensauseinandersetzung

Die finanziellen Verflechtungen sind besonders nach einer langen Ehe vielfältig, und nur sehr selten werden die finanziellen Verhältnisse und Ansprüche bereits vor einer Trennung oder Scheidung geordnet. Um Sie optimal beraten zu können, benötigt Ihr Anwalt für das Zugewinnausgleichsverfahren deshalb folgende Unterlagen von Ihnen (beziehungsweise von beiden Ehepartnern):

• Eheverträge und eventuelle Scheidungsfolgenvereinbarungen
• Informationen zum Endvermögen (zum Zeitpunkt der Rechtshängigkeit der Scheidung, das heißt Zustellung des Scheidungsantrags)
• Informationen zum Anfangsvermögen (Tag der Eheschließung)
• Lebensversicherungspolicen
• Rentenversicherungspolicen

- Kreditverträge
- Kontenstände
- Informationen zu Wertpapierbesitz
- Erbschafts- und Schenkungsdaten
- Informationen zu Steuererstattungen und Steuernachforderungen
- Dreijahresbilanzen oder Gewinn- und Verlustrechnungen von Selbstständigen und betrieblichen Beteiligungen

Das Zugewinnausgleichsverfahren

Die meisten Ehepartner schließen keinen Ehevertrag und leben damit im gesetzlichen Güterstand der Zugewinngemeinschaft, weshalb die daneben existierenden Güterstände (Gütergemeinschaft und Gütertrennung) hier nicht weiter behandelt werden.

Die Vermögensauseinandersetzung können Sie grundsätzlich eigenständig regeln. Die unten dargestellte Berechnung hilft Ihnen und Ihrem Partner bei der Entscheidungsfindung. Treffen Sie eine entsprechende Vereinbarung, so sollten Sie diese notariell beurkunden lassen. Ein entsprechendes Musterexemplar finden Sie auf Seite 133ff.

ACHTUNG

Ein Zugewinnausgleichsverfahren findet im Rahmen eines Scheidungsverfahrens nur auf Antrag statt. Stellt keiner von Ihnen einen Antrag, so findet keine abschließende Regelung statt.

Ein Zugewinnausgleichsverfahren ist möglich
- bei Einreichung der Scheidung,
- nachdem Sie drei Jahre getrennt gelebt haben,
- bei Vernachlässigung der Unterhaltspflicht,
- bei beharrlicher Weigerung, über den Bestand des Vermögens Auskunft zu erteilen,
- bei Gefahr der Vermögensverschwendung oder Vermögensverschleierung.

Entgegen der allgemeinen Auffassung behält grundsätzlich jeder Ehepartner auch während der Ehe sein Vermögen. Auch wird davon ausgegangen, dass jeder Ehepartner sein Vermögen während der Ehe selbst verwaltet. Das bedeutet, dass grundsätzlich jeder Ehepartner auch gegen den Willen des Partners mit seinem Vermögen tun kann, was er möchte, zum Beispiel Grundstücke kaufen oder verkaufen.

Tipp: Es ist allerdings nicht möglich, dass ein Ehepartner ohne die Einwilligung des anderen sein gesamtes Vermögen (zum Beispiel ein Haus) verkauft. tut er dies trotzdem, ist der Verkauf nicht wirksam. Der andere Ehepartner hat dann die Möglichkeit, das Vermögen jederzeit wieder vom Käufer zurückzuverlangen. Dies ist im Einzelfall höchst problematisch, und Sie sollten schnellstmöglich anwaltliche Beratung in Anspruch nehmen.

Beim Zugewinnausgleichsanspruch erhält der Ehepartner, der während der Ehe einen geringeren Vermögenszuwachs hatte, vom anderen Ehepartner einen Ausgleich. Über diesen Ausgleich soll sichergestellt werden, dass jeder Ehepartner nach der Trennung die Hälfte des während der Ehe von beiden Partnern insgesamt erreichten Vermögenszuwachses bekommt.

BEISPIEL

Eine Ehefrau hat während der Ehe einen Vermögenszuwachs von 10 000 Euro und der Ehemann einen Vermögenszuwachs von 40 000 Euro. Dies ergibt eine Differenz von 30 000 Euro, sodass der Ehemann der Ehefrau gegenüber 15 000 Euro auszugleichen hat. Dies führt dazu, dass jeder der beiden Ehepartner nach der Ehe den gleichen Vermögensstand hat, nämlich im vorliegenden Beispiel 25 000 Euro.

Die Ehepartner haften auch nicht automatisch für Schulden und Verbindlichkeiten des jeweils anderen. Eine Ausnahme stellt nur die »Schlüsselgewalt« dar. Es besteht die Befugnis eines jeden Ehepartners, bei Geschäften, die den angemessenen Lebensbedarf der Familie betreffen (zum Beispiel täglicher Einkauf), den anderen Ehepartner mit zu verpflichten.

Ansonsten haften Sie nur dann für die Schulden Ihres Ehepartners, wenn Sie ausdrücklich Kreditverpflichtungen mit eingegangen sind, indem Sie einen Kreditvertrag entweder als Gesamtschuldner (das heißt, Sie und Ihr Ehepartner haften beide für den aufgenommenen Kreditbetrag) oder als Bürge mit unterzeichnet haben. In diesem Zusammenhang wichtig: Der Bundesgerichtshof hat in seinen Urteilen die Mitverpflichtung des mittellosen Ehegatten als Kreditnehmer beziehungsweise Bürgen gegenüber den Banken bereits mehrmals als sittenwidrig angesehen.

Tipp: Lassen Sie sich frühzeitig beraten! Eventuell besteht die Möglichkeit, dass Sie von Ihrer Haftung gegenüber den Banken freigestellt werden. Ihr Ehepartner haftet dann allein für die Schulden.

Die gesetzliche Zugewinngemeinschaft endet grundsätzlich am Tag der Zustellung des Scheidungsantrags. Dieser Tag ist der maßgebliche Zeitpunkt für das sogenannte Endvermögen der Zugewinngemeinschaft, das für jeden Ehepartner getrennt ermittelt wird. Die Parteien können jedoch im Rahmen einer notariellen Vereinbarung den Stichtag für die Berechnung des Endvermögens frei festlegen.

Berechnung des Endvermögens

Zum Endvermögen zählen mit Ausnahme gemeinsamer Hausratsgegenstände sämtliche Vermögenswerte. Sie sind zum Stichtag, dem Ende der Zugewinngemeinschaft, zu bewerten. Spätere Wertveränderungen, zum Beispiel Kursverluste/-gewinne in Aktiendepots, sind nicht mehr relevant. Zu berücksichtigen sind auch Schenkungen, Erbschaften, Miteigentumsanteile am gemeinsamen Wohnhaus etc. Zum Endvermögen sind unter Umständen Vermögenswerte in Höhe eines geschätzten Wertes hinzuzurechnen, die ein Ehepartner in den letzten zehn Jahren vor Ende der Zugewinngemeinschaft verschenkt hat. Diese Hinzurechnung erfolgt aber nur dann, wenn den fraglichen Schenkungen eine Vermögensminderungsabsicht, beziehungsweise Verschwendung zugrunde liegt. Vom errechneten Endvermögen sind sämtliche Schulden der Ehepartner abzuziehen.

ACHTUNG

Sollte ein Ehegatte zum Stichtag nur Schulden haben oder so hohe Schulden haben, dass diese den Wert seines übrigen Vermögens übersteigen, so ist sein Endvermögen nie mit einem negativen Wert anzusetzen, sondern mit Null zu bewerten. Es gibt kein negatives Endvermögen.

Berechnung des Anfangsvermögens

Der Stichtag für das Anfangsvermögen der Zugewinngemeinschaft ist grundsätzlich der Tag der Eheschließung, es sei denn, die Parteien haben hierfür eine abweichende Erklärung abgegeben.

Auch beim Anfangsvermögen werden zunächst wie bei der Berechnung des Endvermögens sämtliche Vermögenswerte aufgeschlüsselt und anschließend alle zum Zeitpunkt der Eheschließung bestehenden Schulden abgezogen. Der tatsächliche Wert des Vermögens darf auch hier keinen negativen Wert darstellen. Das ermittelte Anfangsvermögen ist zum Zeitpunkt des Ehezeitendes zu bewerten. Es muss deshalb der inflationsbedingte Kaufkraftverlust mithilfe der Indexierung herausgerechnet werden. Dafür hat der Bundesgerichtshof folgende Formel entwickelt:

$$\frac{\text{Anfangsvermögen x Index Endstichtag}}{\text{Index Anfangsstichtag}}$$

BEISPIEL

Ein Ehegatte hatte zu Beginn der Ehe am 1.7.1966 ein Anfangsvermögen von 100000 DM. Dieser Betrag ist in Euro umzurechnen. 100000 DM : 1,95583 = 51129,18 Euro. Der Eheendzeitpunkt ist der 1.3.2003. Das Anfangsvermögen ist auf den Eheendzeitpunkt zu indexieren, um das tatsächliche Anfangsvermögen festsetzen zu können: 51129,18 x 104,6 : 34,903 = 153227,86 Euro. Das bereinigte Anfangsvermögen beträgt somit 153227,86 Euro.

Die Indexwerte ändern sich jährlich. Derzeit gilt als Basisjahr 2000, das heißt, dass 100 Prozent für das Jahr 2000 gelten.

Eine arbeitsrechtliche Abfindung zählt, soweit sie während der bestehenden Zugewinngemeinschaft geleistet oder verbindlich zugesagt wurde, in voller Höhe zum Endvermögen. Sie darf jedoch im Rahmen der Scheidung nicht doppelt angesetzt werden. Sie kann also entweder beim Unterhaltsanspruch oder beim Zugewinnanspruch berücksichtigt werden.

Bereits fällige, aber noch nicht gezahlte Unterhaltsforderungen sind grundsätzlich im Zugewinnausgleich als Forderungen beziehungsweise Verbindlichkeiten zu berücksichtigen. Trägt bei einer gesamtschuldnerischen Verbindlichkeit, wie zum Beispiel Tilgungs- und Zinsleistungen für ein Darlehen zur Finanzierung des Eigenheims, einer der Ehepartner allein die finanzielle Belastung, so sind diese Verbindlichkeiten in vollem Umfang vom Endvermögen des Zahlenden abzuziehen.

Tipp: Auch der Lotteriegewinn fällt in den Zugewinnausgleich.

In Frage steht, ob Schmerzensgeld, das zum Beispiel aufgrund eines Verkehrsunfalls gezahlt wurde, in den Zugewinnausgleich einzubeziehen ist. Die herrschende Meinung hat hiergegen keinerlei Bedenken. Dies ist jedoch sehr kritisch zu sehen, da das Schmerzensgeld nicht der Vermögensmehrung dient, sondern der Wiedergutmachung eines Schadens. Haben Sie eine erhebliche Schmerzensgeldzahlung erhalten, so beraten Sie sich ausführlich mit Ihrem Anwalt. Sie müssen gegebenenfalls mit einem langen Rechtsstreit rechnen, wenn Sie das Schmerzensgeld nicht bei Ihrem Endvermögen berücksichtigen möchten.

In den Zugewinn fallen auch Anwartschaften aus Kapitallebensversicherungen. Es ist für die jeweilige Versicherung grundsätzlich ein nach wirtschaftlichen Gesichtspunkten bemessener Zeitwert anzusetzen. Der Rückkaufswert ist nur dann maßgeblich, wenn der Versicherungsvertrag nach Beendigung des Güterstands nicht fortgesetzt wird.

Erbschaften, die ein Ehegatte während der Ehe erhalten hat, oder Schenkungen, die in Anbetracht eines künftigen Erbrechts gemacht wurden, sind nach Abzug der Verbindlichkeiten dem Anfangsvermögen hinzuzurechnen. Hiervon ausgenommen sind lediglich die Schenkungen, die ein Ehepartner von seinen Schwiegereltern, zum Beispiel für den Erwerb eines gemeinsamen Wohnhauses, erhalten hat. Dasselbe gilt auch für Schenkungen an den jeweils anderen Ehepartner. Die entsprechenden Werte dieser Art von Schenkungen sind allerdings beim Endvermögen zu berücksichtigen. Erbschaften und Schenkungen werden hierfür wie das Anfangsvermögen indexiert, jedoch nicht ab dem Tag der Eheschließung, sondern ab dem jeweiligen Tag der Erbschaft beziehungsweise der Schenkung.

Wie bereits dargelegt, kann das Anfangsvermögen nicht negativ sein. Der Bundesgerichtshof hatte einen Fall zu entscheiden, bei dem der Ehemann zum Zeitpunkt der Eheschließung 30 000 Euro Schulden hatte und während der Ehe eine Erbschaft in Höhe von 50 000 Euro erhielt. Am Ende des Güterstandes hatte er ein Vermögen von 60 000 Euro. Das Anfangsvermögen war fraglich. Der BGH hat entschieden, dass das negative Anfangsvermögen nicht mit der Erbschaft verrechnet werden kann, sodass der Zugewinn lediglich 10 000 Euro beträgt. Das Anfangsvermögen ist entsprechend zu indexieren, um den Kaufkraftverhältnissen des Endstichtags gerecht zu werden.

Der Zugewinnausgleich

Stehen sämtliche Ergebnisse fest, so kann der Zugewinnausgleichsanspruch berechnet werden:

Endvermögen des jeweiligen Ehepartners	–	indexiertes Anfangsvermögen des jeweiligen Ehepartners	=	Zugewinn des jeweiligen Ehepartners
Höherer Zugewinn	–	geringerer Zugewinn	=	Zugewinnüberschuss
Zugewinnüberschuss	:	2	=	Ausgleichsanspruch des Ehepartners mit dem geringeren Zugewinn

BEISPIEL

M hat ein indexiertes Anfangsvermögen von 30 000 Euro und ein Endvermögen von 110 000 Euro. F hat ein indexiertes Anfangsvermögen von 50 000 Euro und ein Endvermögen von 80 000 Euro.

Die Berechnung sieht wie folgt aus:

Zugewinn M $= 110\,000\,€ - 30\,000\,€ = 80\,000\,€$ (Zugewinn M)

Zugewinn F $= 80\,000\,€ - 50\,000\,€ = 30\,000\,€$ (Zugewinn F)

Lösung:
F hat einen Ausgleichsanspruch gegenüber M in Höhe der Hälfte des Zugewinnüberschusses, also 25 000 Euro (80 000 Euro – 30 000 Euro : 2)

Der Ausgleichsanspruch muss grundsätzlich in Form von Geld beglichen werden. Die Parteien können sich aber auch über andere Zahlungsmodalitäten, zum Beispiel, Übertragung einzelner Vermögensgegenstände, einigen.

Der Zugewinnausgleichsanspruch kann im gleichen Verfahren wie die Scheidung geltend gemacht werden. In diesem Fall wird über ihn mit dem Scheidungsurteil entschieden. Er kann aber auch in einem separaten Verfahren nach der Scheidung verhandelt werden.

ACHTUNG

Der Zugewinnausgleichsanspruch muss innerhalb von drei Jahren nach rechtskräftiger Scheidung geltend gemacht werden, ansonsten ist er verjährt. Wurde die Scheidung zum Beispiel zum 19.3.2004 rechtskräftig, so muss der Antrag auf Zugewinnausgleich beim Gericht bis zum 19.3.07 eingereicht werden.

Der Ehepartner verschleudert sein Vermögen

Um den Zugewinn ermitteln zu können, muss zunächst das Trennungsjahr abgewartet werden und der Scheidungsantrag zugestellt sein, damit der Stichtag für den Zugewinnausgleichsanspruch feststeht. Dies gibt dem Ehepartner relativ viel Zeit, sein Vermögen zu verschenken oder zu verschleudern.

Haben Sie Kenntnis, dass das bei Ihrem Ehepartner der Fall ist, wenden Sie sich schnellstmöglich an einen Anwalt, um gegebenenfalls Sicherungsmaßnahmen in die Wege zu leiten. Bei einem dringenden Verdacht können Sie einen Antrag auf vorzeitigen Zugewinnausgleich stellen. Denn der Ehepartner ist nicht berechtigt, zum Nachteil eines Zugewinnausgleichsanspruchs sein Vermögen »zu verschleudern«. Obwohl er natürlich grundsätzlich berechtigt ist, über sein Vermögen selbst zu verfügen, ist es ihm untersagt, sein Vermögen bewusst zur Verringerung des Zugewinnausgleichsanspruchs zu verkleinern – indem er zum Beispiel unentgeltliche Zuwendungen macht, die nicht einer sittlichen Pflicht oder einer auf Anstand beruhenden Rücksicht entsprechen, sein Vermögen verschwendet oder Handlungen in der Absicht vornimmt, den anderen Ehegatten zu benachteiligen. Nach der entsprechenden gesetzlichen Regelung des § 1375 BGB Abs. 2 wird in einem solchen Fall das tatsächlich vorhandene Endvermögen um den Teil erhöht, den der Ehegatte »verschleudert« hat.

Tipp: Verschenkt Ihr Ehepartner die Eigentumswohnung an seine/n Geliebte/n und ist dieser/diesem bekannt, dass die Schenkung nur deshalb erfolgt, um den Zugewinnausgleichsanspruch des getrennten Ehepartners zu reduzieren, so können Sie unter Umständen direkt gegenüber der/dem Geliebten einen Rückforderungsanspruch haben.

Übrigens: Um den Zugewinnausgleichsanspruch zu senken, ohne Ihr Vermögen zu verschleudern, können Sie einen großzügigen Lebensstil pflegen und Ihre Vermögenswerte »ordnen«.

Auskunft über das Vermögen des Ehepartners

Auch hier stellt sich, wie beim Unterhalt, das große Problem, dass Sie oftmals nicht wissen, wie groß das tatsächliche Vermögen Ihres Partners ist. Grundsätzlich ist jeder der Ehepartner ab dem Datum der Zustellung des Scheidungsantrags verpflichtet, das Vermögen offenzulegen. Tut er das nicht freiwillig, so müssen Sie ihn auf Auskunft verklagen. Der Ehepartner kann darüber hinaus verpflichtet werden, seine erteilte Auskunft auf Vollständigkeit und Richtigkeit an Eides statt zu versichern. Dennoch taucht in der Praxis immer wieder das Problem auf, dass nicht überprüft werden kann, ob die Auskunft tatsächlich vollständig und richtig ist.

Am besten fordern Sie Ihren Ehepartner schon während der Trennung mehrmals auf, Sie über sein Vermögen zu unterrichten. Sie haben in dieser Zeit zwar keinen Auskunftsanspruch, Ihr Ehegatte ist aber dennoch verpflichtet, Sie über die wesentlichen Vermögensteile zu informieren.

Tipp: Geld, das Sie von Ihren Eltern während der Ehe geschenkt bekommen oder im Rahmen einer vorweggenommenen Erbschaft ausbezahlt erhalten, sollte ausschließlich auf Ihr Konto einbezahlt werden. Des Weiteren führen Sie systematisch Buch über solche Zahlungen und lassen sich von Ihren Eltern bestätigen, dass die Zahlungen eine Schenkung an Sie persönlich darstellen.

Erbrechtliche Aspekte einer Trennung/Scheidung

Wenn Sie den festen Entschluss gefasst haben, sich scheiden zu lassen, und die Phase des Getrenntlebens eingeläutet ist, müssen Sie sich folgende Fragen stellen:

- Gibt es ein Testament, in dem der Ehegatte berücksichtigt wurde?
- Gibt es einen Ehevertrag, der erbrechtliche Regelungen zugunsten Ihres Ehegatten vorsieht?
- Darüber hinaus müssen Sie sich Gedanken über das gesetzliche Erbrecht Ihres Ehegatten machen. Ihr Ehegatte hat ein gesetzliches Erbrecht bis zu dem

Zeitpunkt, in dem Sie einen gültigen Scheidungsantrag eingereicht oder dem Scheidungsantrag Ihres Ehegatten zugestimmt haben (siehe Seite 65).
Was ist nun also im Einzelnen zu tun?

Sie haben ein Testament errichtet

Dabei sind zwei Fälle zu unterscheiden: Wenn Sie einseitig ein Testament zugunsten Ihres Ehegatten errichtet haben, ist dies automatisch unwirksam, sobald Ihre Ehe rechtskräftig geschieden ist (das heißt kein Rechtsmittel gegen die Entscheidung des Gerichts mehr gegeben ist).

Das Testament ist auch bereits dann unwirksam, wenn Sie einen Scheidungsantrag gestellt haben oder Ihre Zustimmung zu dem Scheidungsantrag Ihres Ehepartners erklärt haben. Dazu müssten hier jedoch auch die Voraussetzungen der Scheidung gegeben sein (also zum Beispiel ausreichende Zeit des Getrenntlebens).

Tipp: Wenn Sie sich sicher sind, dass Sie die Scheidung möchten, sollten Sie Ihr Testament schnellstmöglich widerrufen – auch wenn die Voraussetzungen für die Scheidung gegeben sind und der Scheidungsantrag gestellt wurde. Der Widerruf schafft die größere Rechtssicherheit.

Im zweiten Fall haben Sie mit Ihrem Ehegatten ein gemeinschaftliches Testament mit gegenseitiger Erbeinsetzung, zum Beispiel ein sogenanntes Berliner Testament, errichtet. Dieses wird bei Vorliegen eines rechtskräftigen Scheidungsurteils ebenfalls automatisch unwirksam, und auch hier wird die letztwillige Verfügung bereits dann unwirksam, wenn Sie den Scheidungsantrag gestellt beziehungsweise Ihre Zustimmung erklärt haben – solange die Voraussetzungen für eine Ehescheidung gegeben sind.

Aber auch in diesem Fall sollten Sie Klarheit schaffen und die von Ihnen getroffenen Verfügungen im Testament widerrufen. Diese Erklärung muss gegenüber Ihrem Ehepartner erfolgen und notariell beurkundet werden. Sie müssen daher einen Notar aufsuchen und sich hier beraten lassen.

So widerrufen Sie Ihr einseitiges Testament

Der Widerruf kann erfolgen:
- Wenn Sie ein normales handschriftliches Testament errichtet haben, durch ein neues Testament.
- Wenn Sie dieses Testament in Händen haben, durch Vernichtung oder Veränderung.
- Beim öffentlichen Testament erfolgt der Widerruf durch Rücknahme aus der Verwahrung.

ACHTUNG

Testamente müssen komplett von Hand geschrieben werden. Das gilt auch für Veränderungen, die Sie an einem bestehenden Testament vornehmen. Wenn das Testament durch die Änderungen unübersichtlich wird, schreiben Sie lieber ein neues und lassen sich gegebenenfalls von einem Notar oder Anwalt beraten.

Sie haben einen Ehe-/Erbvertrag abgeschlossen

Hier besteht die Möglichkeit des Rücktritts oder der Anfechtung. Darüber sollten Sie sich allerdings wiederum beraten lassen, denn es ist sehr schwierig, sich aus einem Erbvertrag zu lösen. Wenn die Voraussetzungen für die Scheidung gegeben sind und der Antrag seitens des Erblassers gestellt beziehungsweise dieser ihm zugestimmt hat, wird auch der Erbvertrag unwirksam, es sei denn, Sie haben ausdrücklich etwas anderes geregelt. Erst recht wird der Erbvertrag natürlich mit Rechtskraft der Scheidung unwirksam.

Sie haben gar keine Regelung getroffen

Wenn Sie gar keine Regelungen in Bezug auf den Todesfall getroffen haben, gilt Folgendes: Ohne weiteres Tätigwerden ist Ihr Ehegatte bis zur Rechtskraft des Scheidungsurteils beziehungsweise bis Sie den Antrag auf Scheidung gestellt haben oder dem Antrag Ihres Ehepartners zugestimmt haben, erbberechtigt.

Demnach wird Ihr Ehegatte ohne eine anderweitige Regelung noch mindestens ein Jahr erbberechtigt sein. Das bedeutet, wenn Sie im Güterstand der Zugewinngemeinschaft leben (der Normalfall): Ihr Ehegatte erbt im Falle Ihres Todes neben den Kindern die Hälfte Ihres Nachlasses. Wenn Sie keine Kinder haben, sogar drei Viertel neben Ihren Eltern oder Geschwistern.

Was können Sie dagegen tun? Sie können Ihren Ehegatten nunmehr durch Testament enterben. Dann steht ihm aber immer noch der Pflichtteil zu, der sich auf die Hälfte der oben dargelegten Quote beläuft. Ihrem Ehegatten stünden neben Ihren gemeinsamen Kindern also immer noch ein Viertel des Nachlasses zu. Sollte es also möglich sein, schließen Sie mit Ihrem Ehegatten eine Getrenntlebensvereinbarung ab, in der ein wechselseitiger Pflichtteilsverzicht vereinbart wird, der jedoch der notariellen Beurkundung bedarf.

Darüber hinaus können Sie ein Geschiedenentestament errichten. Das Geschiedenentestament ist für folgenden Fall gedacht: Sollten Sie an Ihre Kinder vererben und eines dieser Kinder versterben, käme Ihr Ehegatte selbst nach der Scheidung wieder in den Genuss des Erbes. Um dies auszuschließen, besteht zum Beispiel die Möglichkeit der Anordnung einer Nacherbfolge.

Tipp: Eine entsprechende Formulierung könnte lauten: »Ich ernenne mein Kind zum Vorerben. Nacherben sind jeweils diejenigen Personen, die Erben des Vorerben werden, und zwar zu entsprechenden Quoten. Mein (geschiedener) Ehegatte kann nicht Nacherbe werden. Mit seinem Tod entfällt die Nacherbfolge, sodass der Vorerbe Vollerbe wird.«

CHECKLISTE

Zum Abschluss noch einmal das Wichtigste zum Thema Scheidungsfolgen auf einen Blick:

✔ Der nacheheliche Unterhalt ist zu regeln, soweit Sie nicht in der Lage sind, sich selbst zu unterhalten.

✔ Die Einkommensverhältnisse des Unterhaltsverpflichteten sind zu ermitteln. Es besteht grundsätzlich alle zwei Jahre ein Auskunftsanspruch. Ist Ihnen allerdings bekannt, dass sich die Einkommensverhältnisse Ihres Ehepartners wesentlich verändert haben, dann ist ein Auskunftsanspruch auch schon früher gegeben.

✔ Jeder Ehepartner ist verpflichtet wesentliche Veränderungen in den Einkommensverhältnissen mitzuteilen. Leider zeigt die Praxis, dass positive Veränderungen nur auf Anforderung, Einkommenseinbußen hingegen immer sofort mitgeteilt werden.

✔ Nach der Scheidung sind Sie verpflichtet, sich um eine adäquate Arbeitsstelle zu bemühen. Nach derzeitigem Recht sind Sie dazu jedoch nicht verpflichtet, wenn Sie die Kinderbetreuung übernommen haben. Ist das Kind, beziehungsweise das jüngste Kind, noch keine 8 Jahre alt, brauchen Sie nicht zu arbeiten. Erst wenn das Kind zwischen 11 und 15 Jahren ist, besteht grundsätzlich eine Verpflichtung, eine Teilzeitbeschäftigung anzunehmen. Die Annahme einer Vollzeitbeschäftigung kann mit Vollendung des 15. Lebensjahres verlangt werden. Allerdings ist immer der Einzelfall zu betrachten und wenn zwei oder mehr Kinder unter 15 Jahren vorhanden sind, besteht die Arbeitsverpflichtung nicht, beziehungsweise nur eingeschränkt.

✔ Nach der neuen Unterhaltsreform wird sich diese Verpflichtung erheblich ändern. Bereits ab dem dritten Lebensjahr Ihres Kindes besteht dann grundsätzlich die Verpflichtung, eine Teilzeitbeschäftigung anzunehmen. Es bleibt allerdings abzuwarten, wie die Rechtsprechung sich diesbezüglich entwickelt. Voraussetzung für die Arbeitsverpflichtung ist natürlich, dass entsprechende Kinderbetreuungsplätze vorhanden sind. Es muss auch gewährleistet sein, dass eine Betreuung erfolgen kann, wenn ein Kind einmal krank ist.

✔ Der Altersvorsorgeunterhalt (Rentenvorsorge) und der Krankenvorsorgeunterhalt (Krankenversicherung) muss bei der Unterhaltsberechnung mit berücksichtigt werden.

✔ Die steuerlichen Vorteile sollten weiterhin in Anspruch genommen werden. Es besteht die Möglichkeit des begrenzten Realsplittings. Das bedeutet, dass derjenige, der zum Unterhalt verpflichtet ist, die Unterhaltszahlungen an den getrennt lebenden/geschiedenen Ehepartner als Sonderausgaben geltend machen kann. Der Unterhaltsberechtigte muss dann die erhaltenen Zahlungen als Einkommen versteuern. In aller Regel ist dies für beide Parteien die finanziell günstigere Variante.

✔ Wurde der Zugewinn/die Vermögensauseinandersetzung mit der Scheidung noch nicht ausgeglichen, so besteht die Möglichkeit, innerhalb von 3 Jahren nach Rechtskraft der Scheidung diese/n noch durchzuführen.

✔ Sie sollten sich so früh wie möglich ein Gesamtbild über die Vermögenssituation Ihres Ehepartners machen. Es ist ratsam, schon vor der Trennung entsprechende Kopien der Vermögensanlagen Ihres Ehepartners zu fertigen.

✔ Das Anfangs- und Endvermögen beider Ehepartner ist getrennt voneinander zu ermitteln. Einen Ausgleich erhält derjenige Ehepartner, welcher den geringern Vermögenszuwachs während der Ehe hatte.

✔ Die erbrechtlichen Gesichtspunkte sind rechtzeitig zu bedenken, damit keine unerwünschten Ergebnisse eintreten. Haben Sie bisher keine Regelungen getroffen, müssen Sie wissen, dass bis zum zugestellten Scheidungsantrag Ihr Ehepartner noch voll erbberechtigt ist.

DIE KOSTEN DES VERFAHRENS

Das Gebührenrecht kann an dieser Stelle nur auszugsweise dargestellt werden, da sich zu Beginn die Gebühren aufgrund von möglichen Änderungen im Laufe des Verfahrens nicht abschließend beziffern lassen. Des Weiteren obliegt es den Gerichten, im Zweifel eine Streitwertfestsetzung vorzunehmen, die von der Berechnung Ihres Anwalts abweichen kann.

Tipp: Das Gebührenrecht ist eine sehr komplizierte Materie. Sie sollten deshalb frühzeitig mit Ihrem Anwalt über die Kosten sprechen. Im Anhang finden Sie einen Auszug aus der Gerichtsgebührentabelle (siehe Seite 167) sowie einen Auszug aus der anwaltlichen Gebührentabelle (siehe Seite 168ff.).

Die Beratungsgebühr

Möchten Sie sich lediglich anwaltlich beraten lassen und die Konsultation erfolgt im Rahmen einer Erstberatung, das heißt, der Anwalt übernimmt keine weitere Tätigkeit als nur das Gespräch mit Ihnen, so wird lediglich eine Erstberatungsgebühr fällig, die für Sie als Verbraucher 190 Euro netto beträgt.

Anwaltsgebühren nach dem Rechtsanwaltsvergütungsgesetz (RVG)

Die Anwaltsgebühren richten sich ansonsten nach den jeweiligen Gegenstandswerten. Ist ein Gegenstandswert ermittelt, so können die entsprechenden Anwaltsgebühren der Gebührentabelle entnommen werden. Welche Gebührentatbestände im Einzelnen erfüllt sind, hängt von den Tätigkeiten des Anwalts ab: Der Anwalt betreibt in aller Regel das schriftliche Verfahren. Hierbei kann es sich um ein gerichtliches oder außergerichtliches Verfahren handeln. Ihm steht somit eine 1,3facheVerfahrensgebühr zu. Ist bei Gericht ein Termin bestimmt und nimmt der Anwalt diesen Termin wahr, so hat er einen weiteren Gebührenanspruch, die Terminsgebühr. Sie wird mit dem Faktor 1,2 berechnet. Erfolgt im Verfahren eine Einigung, so kommt es darauf an, ob diese im Gerichtsverfahren erfolgt oder außergerichtlich. Der Anwalt erhält für eine außergerichtliche Einigung eine Gebühr von 1,5 und im Gerichtsverfahren lediglich eine 1,0 Gebühr.

Wird er sowohl außergerichtlich als auch gerichtlich in der gleichen Angelegenheit tätig, so erfolgt eine Anrechnung der hälftigen außergerichtlichen Gebühren. Dies betrifft jedoch nur die Verfahrensgebühr, die außergerichtlich als Geschäftsgebühr bezeichnet wird.

Der Gegenstandswert

Grundlage für die Berechnung der Gerichtsgebühren und der Anwaltsgebühren ist in der Regel ein Gegenstandswert, der sogenannte Streitwert. Dieser Streitwert muss zunächst bestimmt werden. Für das reine Scheidungsverfahren berechnet er sich aus dem dreimonatigen Nettoeinkommen beider Eheleute. Sind die Eheleute vermögend, so kann ein Betrag von 5 Prozent vom Betriebs- und 10 Prozent vom Privatvermögen zum Einkommensstreitwert addiert werden. Allerdings wird hier ein Freibetrag in Höhe von 61 000 Euro angesetzt.

BEISPIEL

Das Nettoeinkommen des Ehemanns beträgt 3 000,00 Euro, das der Ehefrau 1 500,00 Euro.
Der Streitwert errechnet sich damit wie folgt:

4 500,00 Euro (3 000,00 Euro + 1 500,00 Euro) x 3 = 13 500,00 Euro

Eine Erhöhung wegen Vermögens findet nicht statt.

Die Gebührentabelle (siehe Anhang, Seite 167) gibt die entsprechende Gerichtsgebühr an. Bei einer familienrechtlichen Streitigkeit fallen in der Regel zwei Gebühren an. Bei einem Gegenstandswert von 13 500 Euro sind demnach 484 Euro an Gerichtskostenvorschuss zu bezahlen. Haben die Ehepartner kein Einkommen oder nur ein geringfügiges Einkommen, so beträgt der Mindestgegenstandswert einer Scheidung 2 000 Euro.

Die Anwaltsgebühren ergeben sich ebenfalls aus den Gegenstandswerten. Bei der daraus resultierenden Rechnung spielt es keine Rolle, wie umfangreich das Verfahren wird (zum Beispiel die Anzahl der Termine). Wie bereits erwähnt, findet mit dem Scheidungsantrag zwangsläufig auch der Versorgungsausgleich statt (siehe Seite 67ff.), sodass dieser Gegenstandswert, der in der Regel 2 000 Euro beträgt, dem Gegenstandswert der Scheidung hinzuzurechnen ist. Im obigen Beispiel ergibt sich somit ein Gesamtgegenstandswert in Höhe von 15 500 Euro. Die Kosten für das Scheidungsverfahren bleiben im vorliegenden Beispiel gleich, da die Gesamtsumme sich noch innerhalb des Rahmens von 13 000 bis 16 000 Euro befindet. Werden jedoch noch weitere Angelegenheiten bei Gericht geltend gemacht, so werden die einzelnen Streitwerte addiert. Insbesondere eine gerichtliche Vermögensauseinandersetzung kann so sehr teuer werden.

BEISPIEL

Die Anwaltsgebühren im obigen Beispiel betragen für das reine Scheidungsverfahren mit Versorgungsausgleich (Gegenstandwert insgesamt 15 500,00 Euro):

Verfahrensgebühr (1,3facher Satz)	735,80 €
Termingebühr (1,2facher Satz)	679,20 €
Auslagen für Post und Telekommunikation	20,00 €
Zwischensumme	1 435,00 €
Zuzüglich 19 Prozent MwSt.	272,65 €
Rechtsanwaltsgebühren gesamt:	**1 707,65 €**

Ergebnis: Die Scheidung kostet zuzüglich Gerichtsgebühren in Höhe von 484,00 Euro insgesamt 2 191,65 Euro.

Die Gegenstandswerte im Verfahren hinsichtlich der Kinder

Die Verfahren bezüglich der elterlichen Sorge, des Aufenthaltsbestimmungsrechts, des Umgangs und der Herausgabe können separat durchgeführt oder zusammen mit der Scheidung im sogenannten Verbundverfahren geregelt werden. Für ein isoliertes Verfahren wird in der Regel ein Streitwert in Höhe von 3 000 Euro angenommen. Dieser kann im Einzelfall niedriger aber auch deutlich höher sein. Er darf jedoch die Summe von 500 000 Euro keinesfalls überschreiten.

Sind mehrere Angelegenheiten gleichzeitig zu regeln, so beträgt der Regelwert für jedes Verfahren separat 3 000 Euro. Werden zum Beispiel das Sorgerecht und das Umgangsrecht gerichtlich geltend gemacht, so ist jeder Gegenstandswert mit 3 000 Euro anzusetzen, sodass der Gesamtgegenstandswert 6 000 Euro beträgt.

Werden die Angelegenheiten gemeinsam im Scheidungsverbund abgehandelt, so beträgt der Streitwert lediglich 900 Euro für jede Angelegenheit. Erfolgt zusätzlich eine Regelung im Rahmen einer einstweiligen Anordnung, so gilt ein Gegenstandswert von 500 Euro.

Der Gegenstandswert des Versorgungsausgleichs

Der Gegenstandswert des Versorgungsausgleichs beläuft sich auf 1 000 Euro beziehungsweise 2 000 Euro. Es kommt darauf an, welche Versorgungsanwartschaften zu regeln sind.

Der Gegenstandswert bei Ehewohnung und Hausrat

In der Trennungszeit kommen isolierte Wohnungs- und Hausratsverfahren vor. Beim Wohnungszuweisungsverfahren im isolierten Verfahren ist der Gegenstandswert die Höhe des einjährigen Mietwertes, also die Jahreskaltmiete. Beträgt die monatliche Kaltmiete 500 Euro, so ist der Gegenstandswert 6 000 Euro. Für ein Verfahren im einstweiligen Rechtsschutz wird ein Gegenstandswert von 2 000 Euro angesetzt.

Für das isolierte Hausratsverfahren ist der Wert des Hausrats nach dem Verkehrswert zu bestimmen. Wurde bereits ein Teil des Hausrats einvernehmlich aufgeteilt und besteht nur Streit über einzelne Gegenstände, wird der Gegenstandswert lediglich aus dem Wert der streitigen Gegenstände gebildet. Für ein Verfahren im einstweiligen Rechtsschutz ist ein Gegenstandswert von 1 200 Euro anzusetzen.

Der Gegenstandswert im Unterhaltsverfahren

Für den Kindes- und den Ehegattenunterhalt wird im isolierten Unterhaltsverfahren der Gegenstandswert jeweils nach dem Jahreswert angesetzt.

BEISPIEL

Es wird Kindesunterhalt für eine 7-jährige Tochter und einen 13-jährigen Sohn nach der Einkommensstufe 6 geltend gemacht, sodass der Zahlbetrag bei 573,00 Euro liegt. Des Weiteren wird ein Ehegattenunterhalt von 500,00 Euro geltend gemacht. Dies entspricht insgesamt 1 073,00 Euro. Der Gegenstandswert beträgt somit 12 x 1 073,00 Euro = 12 876,00 Euro.

Eventuelle Unterhaltsrückstände werden in vollem Umfang addiert. Bei einer Abänderungsklage wird lediglich die Differenz zwischen dem bereits bezahlten Betrag und dem nunmehr abzuändernden Betrag für ein Jahr als Gegenstandswert angesetzt (derzeit bezahlt 1 073 Euro monatlich, nunmehr zu zahlen 1 500 Euro monatlich = 427 Euro x 12 = 5 124 Euro).

Der Gegenstandswert im Zugewinnausgleichsverfahren

Es ist der tatsächliche Zugewinnausgleichsbetrag als Gegenstandswert anzusetzen.

So können Sie Kosten sparen

Sind sich die Parteien in sämtlichen Punkten einig und geht es lediglich darum, den Scheidungsantrag einzureichen, so kann es aus Kostenersparnisgründen sinnvoll sein, dass nur eine Partei anwaltlich vertreten ist und den Scheidungsantrag bei Gericht einreicht. Die andere Partei muss dem Scheidungsantrag nur zustimmen und kann selbst keine eigenen Anträge stellen.

ACHTUNG

Es ist nur dann sinnvoll, auf einen eigenen Anwalt zu verzichten, wenn es »nichts zu regeln gibt« oder wirkliche Einigkeit zwischen den Parteien herrscht (was allerdings sehr selten der Fall ist).

Anwaltsgebühren fallen dann nur einmal an. Die Parteien können intern einvernehmlich regeln, dass sie die Gebühren jeweils hälftig tragen. Im Verhältnis zum Anwalt muss die beauftragende Partei die Rechnung bezahlen.

Es ist jedoch anzuraten, dass sich die nicht vertretene Partei wenigstens einmal anwaltlich beraten lässt. Dies ist im Rahmen einer Erstberatungsgebühr, die maximal 190,00 Euro zuzüglich Mehrwertsteuer kostet, möglich.

Tipp: Ist eine der Parteien prozesskostenhilfeberechtigt (siehe Seite 119), so kann der Prozesskostenhilfeberechtigte sich einen Anwalt nehmen und den Scheidungsantrag anhängig machen. In diesem Fall trägt der Staat die Gerichts- und Anwaltskosten. Doch Vorsicht: Bei Änderung der wirtschaftlichen Verhältnisse kann ein Rückforderungsanspruch bestehen.

Im Scheidungsverfahren wird der Kostenausspruch regelmäßig lauten: »Die Kosten werden gegeneinander aufgehoben.« Das bedeutet, dass jeder seine Anwaltskosten sowie die Hälfte der Gerichtskosten trägt. Normalerweise werden die vorgetragenen Angaben bezüglich des Nettoeinkommens gerichtlich nicht überprüft. Sie können daher – im Rahmen der Glaubwürdigkeit! – nach unten untertreiben. Werden jedoch Unterhaltsansprüche mit geltend gemacht und sind die Einkommensverhältnisse darzulegen, dann funktioniert das nicht.

Sie können erhebliche Kosten sparen, wenn Sie sich mit Ihrem Partner selbst vernünftig einigen. Für den Kindesunterhalt können Sie mithilfe des Jugendamts entsprechende Festsetzungen erwirken. Des Weiteren können Sie Gerichtsgebühren sparen, wenn Sie auf die Darstellung von Tatbestand und Entscheidungsgründen verzichten. Dies führt zur Erstattung der hälftigen Gerichtskosten, ist aber nur anzuraten, wenn kein Auslandsbezug besteht. Das Scheidungsurteil wird im Zweifel ohne Tatbestand und Entscheidungsgründe im Ausland oft nicht anerkannt.

Die Prozesskostenhilfe

Stellen Sie auf jeden Fall einen Prozesskostenhilfeantrag beziehungsweise besprechen Sie die Angelegenheit mit Ihrem Anwalt. Auch wenn Sie ein gutes Einkommen haben, können Sie dennoch Anspruch auf Prozesskostenhilfe haben. Dies kann unter Umständen auch die Gewährung von Ratenzahlungen bedeuten.

Wird Ihnen Prozesskostenhilfe gewährt, rechnet Ihr Anwalt direkt mit dem Gericht ab und erhält vom Staat das Geld. Wird die Prozesskostenhilfe unter Gewährung von Ratenzahlungen bewilligt, so sind Sie verpflichtet, maximal 48 Raten zurückzuzahlen. Dabei spielt es keine Rolle, wie hoch die Kosten tatsächlich sind und wie hoch die Raten festgesetzt wurden. Sie müssen allerdings nie mehr bezahlen, als tatsächlich an Kosten angefallen sind.

ACHTUNG

Ihr Anwalt hat bei Bewilligung von Prozesskostenhilfe einen wesentlich geringeren Gebührenanspruch, weshalb es sein kann, dass er dieses Thema nicht von sich aus anspricht. Erörtern Sie auf jedem Fall mit Ihrem Anwalt die Möglichkeit einer Beantragung von Prozesskostenhilfe und bestehen Sie gegebenenfalls auf einer Prüfung.

Für die Bewilligung der Prozesskostenhilfe überprüft das Gericht die Erfolgsaussichten der Klage beziehungsweise des Scheidungsantrags. Dies ist jedoch im letzten Fall völlig unproblematisch. Des Weiteren darf die Klageerhebung oder die Verteidigung nicht mutwillig sein. Dies ist immer dann gegeben, wenn Sie Klage wegen eines Anspruchs erheben, den ein vernünftiger Mensch nicht verfolgen würde.

Prozesskostenhilfe wird darüber hinaus nur gewährt, wenn Sie aufgrund Ihrer wirtschaftlichen Verhältnisse nicht in der Lage sind, die Kosten für die Rechtsverfolgung aufzubringen, oder wenn Sie nur einen Teil davon bezahlen können. Dazu prüft das Gericht zunächst Ihr Einkommen. Von dem Bruttoeinkommen werden abgezogen:

- Einkommensteuer und Sozialversicherungsbeiträge
- Berufsbedingte Aufwendungen, wie Fahrtkosten (tägliche Kilometer x 0,3 Euro x 220 Arbeitstage : 12 Monate)
- Wohnkosten (Raten für Eigenheim, Miete, Nebenkosten außer Strom)
- Versicherungsbeiträge
- Vor Beantragung aufgenommene Kredite
- Ein Freibetrag für den Antragsteller in Höhe von 382 Euro
- Ein Erwerbstätigenbonus für den Antragsteller in Höhe von 174 Euro
- Bei Unterhaltsberechtigten werden 267 Euro abgezogen (übersteigt das Einkommen des Kindes jedoch den Freibetrag, so bleiben das Kind und sein Einkommen vollkommen unberücksichtigt)

Ergibt die Berechnung einen Restbetrag von weniger als 15 Euro, so wird Prozesskostenhilfe ratenfrei gewährt. Liegen Sie darüber, wird gegebenenfalls Prozesskostenhilfe unter Ratenzahlung gewährt.

Der Prozesskostenhilfeantrag

Die Prozesskostenhilfe kann bis zum Schluss der mündlichen Verhandlung beantragt werden. Es ist allerdings anzuraten, den sorgfältig ausgefüllten Antrag samt den dazugehörigen Anlagen und Belegen zusammen mit dem ersten Schriftsatz einzureichen.

Tipp: Sie finden den Prozesskostenhilfeantrag auch im Internet unter der Adresse www.justiz.nrw.de (unter Formulare) direkt zum Herunterladen und Ausfüllen.

Die Beratungshilfe

Die Gewährung von Beratungshilfe ist das Gegenstück zur Prozesskostenhilfe für den außergerichtlichen Bereich. Möchten Sie sich anwaltlich beraten lassen, sind aber nicht in der Lage, die Kosten für diese Beratung aufzubringen, dann gehen Sie zum zuständigen (nächsten) Amtsgericht und beantragen einen Beratungshilfeschein. Sie müssen hierfür Auskunft über Ihre wirtschaftlichen Verhältnisse erteilen und diese entsprechend belegen. Haben Sie einen Beratungshilfeschein erhalten, so setzen Sie sich mit einem Familienrechtsanwalt Ihrer Wahl in Verbindung. Sie müssen dort eine Beratungshilfegebühr von 10 Euro bezahlen. Den Rest übernimmt die Staatskasse. Allerdings ist die Gebührenerstattung für den Anwalt aus der Staatskasse verhältnismäßig gering, sodass viele Anwälte Mandanten mit Beratungshilfeschein nicht beraten möchten. Sie sind jedoch dazu verpflichtet. Ob die Beratung dann aber wirklich optimal ausfallen wird, ist eher zweifelhaft. Deshalb an dieser Stelle noch einmal: Suchen Sie sich einen Anwalt, bei dem Sie wirklich das Gefühl haben, gut betreut zu werden. Übrigens: Nicht immer ist der Anwalt, der Ihre beste Freundin/Ihren besten Freund optimal beraten hat, auch der richtige Anwalt für Sie.

CHECKLISTE

Zum Abschluss noch einmal das Wichtigste zum Thema Kosten auf einen Blick:

✔ Die Kosten des Verfahrens müssen Sie unbedingt im ersten Gespräch mit dem Anwalt klären.

✔ Wünschen Sie lediglich eine Erstberatung, das heißt außer dem Beratungsgespräch ist keine weitere Tätigkeit des Anwalts erforderlich, so entstehen für Sie lediglich Kosten in Höhe von 190 Euro zuzüglich Mehrwertsteuer.

✔ Selbst wenn Sie sich mit Ihrem Ehepartner über sämtliche zu regelnden Punkte wie Ehegattenunterhalt, Kindesunterhalt, Zugewinn, Hausrat, Ehewohnung etc. geeinigt haben, ist es dennoch ratsam, eine anwaltliche Erstberatung in Anspruch zu nehmen. Eine rechtliche Überprüfung der Angelegenheit gibt Ihnen das Gefühl fair behandelt worden zu sein.

✔ Sind Sie nicht in der Lage die Kosten für eine anwaltliche Beratung aufzubringen, so können Sie sich bei dem für Ihren Wohnort zuständigen Amtsgericht einen Beratungshilfeschein holen. Sie müssen hierzu Ihre Einkommensverhältnisse offenlegen und Ihre Zahlungsverpflichtungen mitteilen. Nehmen Sie sämtliche relevanten Unterlagen mit zum Amtsgericht, damit sich der/die Sachbearbeiter/in Kopien fertigen kann. Sie sind zu wahrheitsgemäßen Angaben verpflichtet. Das entsprechende Formular mit den amtlichen Anmerkungen finden Sie auf Seite 179ff.

✔ Die anwaltlichen Gebühren und die Gerichtsgebühren richten sich nach dem Gegenstandswert. Dieser lässt sich nicht immer einfach bestimmen. Lassen Sie sich den Gegenstandswert von Ihrem Anwalt erläutern. Für die reine Scheidung richtet sich der Gegenstandswert nach dem dreimonatigen Nettogehalt beider Ehepartner. Bei der Scheidung wird zwingend der Versorgungsausgleich geregelt, der einen Gegenstandswert zwischen 1000 Euro und 2000 Euro hat. Es kommt darauf an welche Rentenanwartschaften dabei tatsächlich übertragen werden.

✔ Haben Sie beide kein Arbeitseinkommen (zum Beispiel bei Hartz IV), beträgt der Mindestgegenstandswert 2000 Euro.

✔ Wollen Sie sich während des Verfahrens anwaltlich vertreten lassen, sind aber nicht in der Lage die Kosten dafür aufzubringen, können Sie für das Gerichtsverfahren Prozesskostenhilfe beantragen. Sie erhalten Prozesskostenhilfe, wenn der geltend gemachte Anspruch beziehungsweise dessen Verteidigung nicht mutwillig ist und Sie aufgrund Ihrer wirtschaftlichen Lage (Einkommen abzüglich monatliche Belastungen, Mietanteil etc.) nicht in der Lage sind, die dafür anfallenden Kosten aufzubringen (siehe auch Seite 183 ff.).

✔ Eventuell sind Sie berechtigt einen Kostenvorschuss von Ihrem Ehepartner zu erhalten. Teilen Sie die Ihnen bekannten Einkommensverhältnisse Ihrem Anwalt mit, damit dieser gegebenenfalls alles Notwendige veranlassen kann.

✔ Haben Sie weder Anspruch auf Prozesskostenhilfe noch auf einen Kostenvorschuss, besprechen Sie mit Ihrem Anwalt die Möglichkeit einer Ratenzahlung. Tun Sie dies möglichst frühzeitig.

WAS SIE SONST NOCH WISSEN SOLLTEN

Im folgenden Kapitel finden Sie weitere wissenswerte Informationen rund um das Thema Scheidung, wie beispielsweise zur Mediation oder dem Ehevertrag. Sie finden aber auch Informationen über die nichteheliche Lebensgemeinschaft und die eingetragene Lebenspartnerschaft. Der Schwerpunkt liegt hierbei jeweils auf der Trennungssituation.

Die Mediation

»Mediation« und »Mediator« bedeuten zunächst nichts anderes als die deutsche Fassung des englischen Wortes »mediation« und »mediator«, die in jedem Wörterbuch mit »Vermittlung« und »Vermittler« übersetzt werden.

Ein Mediator ist vergleichbar mit einem Streitschlichter. In vielen verschiedenen Bereichen wird versucht, mithilfe der Mediation, des Mediators Streitschlichtung zu betreiben, zum Beispiel in der Wirtschaft, bei der Erbengemeinschaft, bei Mietverhältnissen, in der Schule etc. und natürlich, darauf beschränken wir uns hier, bei Familienauseinandersetzungen.

Bei der Familienmediation liegen ganz besondere emotionale Rahmenbedingungen vor. Schließlich geht es nicht nur um die Auseinandersetzung einer Wirtschaftseinheit, sondern um eine in die Brüche gegangene Liebesbeziehung beziehungsweise um die Auflösung einer Familie. Sind Kinder vorhanden, wird das Ganze noch wesentlich komplizierter. Die Parteien werden immer die Eltern der gemeinsamen Kinder bleiben und deshalb über die Trennung/Scheidung hinaus miteinander verbunden sein. Solche Konstellationen scheinen für eine Familienmediation besonders geeignet zu sein. Doch die besondere emotionale Situation erschwert oft eine rationale Betrachtung beziehungsweise Auseinandersetzung der Parteien. Eine traditionelle Scheidung mit gegebenenfalls entsprechenden Folgeverfahren vor den Gerichten ist oftmals die bessere Lösung.

Im Rahmen einer Mediation können Sie versuchen, mithilfe eines Mediators Lösungen zu erarbeiten, die alle Beteiligten als gerecht empfinden. Dabei geht es um Einsicht – nicht um Rechthaberei. Beide Parteien können im konstruktiven Gespräch nur gewinnen. Das Schlagwort in der Literatur ist die »Erarbeitung einer Win-win-Lösung«, bei der es keine Verlierer gibt.

Eine Mediation ist nur dann sinnvoll, wenn beide Eheleute fähig und bereit sind, gemeinsam akzeptable Lösungen zu finden. Das setzt natürlich voraus, dass die Beteiligten in der Lage sind, miteinander zu reden und einander zuzuhören.

Tipp: Für eine Mediation sollten Sie sich nur entscheiden, wenn Sie und Ihr Ehepartner grundsätzlich gesprächsbereit sind, aber es nicht schaffen, ohne eine neutrale Person ein vernünftiges Gespräch zu führen. Eine Mediation wird scheitern, wenn ein oder beide Ehepartner überhaupt nicht kompromissbereit ist/sind und auf jeden Fall die rechtliche Position bis aufs Äußerste durchgesetzt haben möchte/n.

Da der Mediator neutral sein muss, ist es deshalb sinnvoll, zusätzlich einen eigenen Anwalt zu haben, der die getroffene Vereinbarung rein juristisch prüft. Sollten Sie sich für eine Mediation entscheiden, so muss ein geeigneter Mediator gefunden werden, was nicht so einfach ist, denn es gibt keine geschützte Berufsbezeichnung. Allerdings dürfen sich unter den Juristen nur diejenigen Mediatoren nennen, die eine entsprechende Zusatzqualifikation vorweisen können. Die Rechtsanwaltskammern geben entsprechende Auskünfte. Ansonsten finden Sie Mediatoren zum Beispiel bei der Diakonie, Caritas und den psychologischen Beratungsstellen vor Ort. Die Mediatoren sind inzwischen auch in mehreren Vereinen und Verbänden organisiert. Die bekanntesten davon sind:

• **BAFM: Bundesarbeitsgemeinschaft für familienrechtliche Mediation** (Eisenacher Straße 1, 10777 Berlin, Tel.: 030/23 62 86 66, Fax: 030/2 14 17 57, E-Mail: bafm-mediation@t-online.de)
• **CFM: Centrale für Mediation** (Unter den Ulmen 96 – 98, 50968 Köln, Tel.: 0221/9 37 38-8 01/ Fax: 0221/9 37 38-9 26, E-Mail: cfm@mediate.de)
• **Bundesverband Mediation e.V.** (Kirchweg 80, 34119 Kassel, Tel.: 0561/7 39 64 13, Fax: 0561/7 39 64 12, E-Mail: info@bmev.de)

Wichtig ist, dass beide Parteien zu dem ausgewählten Mediator Vertrauen haben und die Auswahlentscheidung von beiden getragen wird.

Verfahrensablauf der Mediation

Das Mediationsverfahren läuft im Allgemeinen in drei Phasen ab:

1. In einem ersten Termin werden der Sinn und Zweck sowie die Ziele der Mediaton besprochen. Es wird auch eine Verhaltensordnung festgelegt (man lässt den anderen ausreden, man schreit nicht etc.).

2. In einer Offenlegungs- und Durchführungsphase wird dann der dem Konflikt zugrunde liegende Sachverhalt ermittelt. Die wichtigen Themen werden erörtert und gemeinsam Vorschläge erarbeitet, wie die Konflikte zu lösen sein könnten.

3. Am Ende einer Mediation werden Entscheidungen getroffen, wie der Konflikt zu lösen ist. Dies wird in einer Vereinbarung festgehalten. Des Weiteren wird die Umsetzung der Vereinbarung geklärt. Die Parteien akzeptieren Entscheidungen, die sie selbst getroffen haben in der Regel eher als Entscheidungen, die andere für sie beschlossen haben und denen sie sich fügen müssen.

Tipp: Nach der Schlussvereinbarung ist es ratsam, nochmals einen Termin zu vereinbaren, um zu klären, ob die Regelungen von beiden Seiten auch tatsächlich eingehalten werden.

Was kann geregelt werden?

Grundsätzlich kann im Rahmen eines Mediationsverfahrens alles geregelt werden, was in einem Scheidungsverfahren zu regeln ist. Werden jedoch Grundstücksübertragungen oder sonstige formbedürftige Angelegenheiten geregelt, müssen diese notariell beurkundet werden!

Da die Kinder oft als Spielball in der Auseinandersetzung der Eltern benutzt werden, ist es sinnvoll, Regelungen zu treffen, die allen Bedürfnissen gerecht werden. Bedenken Sie bitte immer: Ihre Kinder können nichts dafür, dass das Verhältnis mit Ihrem Ehepartner zerrüttet ist. Die Kinder haben einen Anspruch auf Kontakt zu beiden Elternteilen.

Darüber hinaus ist es wichtig, die finanziellen Angelegenheiten verbindlich zu regeln. Hierbei kommen sowohl die Unterhalts- als auch Zugewinnansprüche zur Sprache. Das kann aber nur dann erfolgen, wenn beide Partner tatsächlich bereit sind, mit offenen Karten zu spielen.

Der Umfang einer Mediation hängt vom Einzelfall und den zu regelnden Positionen ab. Man geht von drei bis zehn Gesprächssitzungen aus, wobei die einzelnen Sitzungen zwischen 60 und 90 Minuten dauern. Die Zahl der Sitzungen richtet sich nach der Schwierigkeit beziehungsweise dem Umfang der zu regelnden Punkte und der Zusammenarbeit der Parteien. Ist es erforderlich, dass eine umfassende Vermögensauseinandersetzung erarbeitet wird, so sind zwangsläufig mehrere Sitzungen erforderlich. Ebenso wenn es Streit um die Kinder gibt.

Die Kosten eines Mediationsverfahrens

Die Kosten einer Mediation sind nicht in einer Gebührenordnung geregelt. Der Mediator bestimmt einen Stundensatz und ist dabei relativ frei. Die Kosten pro Stunde liegen zwischen 100 und 300 Euro. Eventuell ist es auch sinnvoll, mit dem Mediator einen Pauschalpreis zu vereinbaren. Auf jeden Fall sollten die Kosten immer vor Beginn der Mediation angesprochen und geregelt werden.

Der Ehevertrag

Die Ehegatten sind zu jedem Zeitpunkt berechtigt, einen Ehevertrag abzuschließen: vor der Eheschließung, während einer bestehenden Ehe oder auch kurz vor der Scheidung. Beziehen sich die Regelungen der Ehegatten auf eine beabsichtigte Scheidung, handelt es sich um reine Scheidungsfolgenvereinbarung, in der nur noch die Zeit bis zur Scheidung und die Scheidungsfolgen geregelt werden. Im Folgenden liegt der Schwerpunkt auf der Scheidungsfolgenvereinbarung, da dieser Ratgeber Ihnen Leitlinien in Bezug auf eine Scheidung an die Hand geben möchte.

Grundsätzlich rate ich Ihnen dringend dazu, mit Ihrem Partner und einem Anwalt eine einvernehmliche Regelung zu treffen, soweit dies irgend möglich ist. Aus diesem Grunde ist auch der Abschluss eines Ehevertrages, der gerade nicht im Hinblick auf eine bevorstehende Scheidung abgeschlossen wird, sondern in Zeiten, in denen Sie sich mit Ihrem Partner noch gut verstehen, eine durchaus sinnvolle Maßnahme, um einen belastenden und teuren Scheidungskrieg zu vermeiden. Aber auch die Scheidungsfolgenvereinbarung ist bei vielen Trennungen eine gute Lösung, um eine Scheidung zu erreichen, die in ihren Folgen von beiden Partnern akzeptiert wird.

Für die Erstellung eines Ehevertrags ist generell die Mitwirkung eines Notars erforderlich. Bei der reinen Scheidungsfolgenvereinbarung reicht jedoch die notarielle Beurkundung ohne gleichzeitige Anwesenheit beider Partner aus. In Bezug auf den Notar sollten Sie Folgendes beachten: Der Notar ist grundsätzlich zur Neutralität verpflichtet und sollte beide Seiten gleich beraten und auf eventuelle Risiken hinweisen. Oftmals wird der Notar jedoch von einer Partei bezahlt und ist dann eventuell geneigt, Regelungen zugunsten dieser Partei zu treffen.

Tipp: Lassen Sie sich auf jeden Fall von einem Rechtsanwalt bei der Erstellung eines Ehevertrages ohne die gleichzeitige Anwesenheit Ihres Ehegatten beraten. Die Kosten für eine Erstberatung belaufen sich auf maximal 190 Euro netto. Sollten Sie über kein oder nur ein geringes Einkommen verfügen, haben Sie zudem Anspruch auf Beratungshilfe, die Sie beim örtlich zuständigen Amtsgericht beantragen können (siehe Seite 121).

Das sollten Sie in einem Ehevertrag beziehungsweise einer Scheidungsfolgenvereinbarung regeln

Der Vertrag sollte Regelungen über den Zugewinnausgleich, den Versorgungsausgleich und den nachehelichen Unterhalt enthalten, da diese in einem Zusammenhang stehen. Das Herauslösen eines einzelnen Aspekts kann zu untragbaren Ergebnissen führen. Darüber hinaus können auch Vereinbarungen über allgemeine Ehewirkungen, Hausrat, sonstiges gemeinschaftliches Vermögen, Übertragung von Grundeigentum u. Ä. getroffen werden.

Soweit ein Anlass gegeben ist, können hier auch Aussagen zu Sorgerechts-
verpflichtungen getroffen werden.

Die Ehegatten können in einem Ehevertrag jedoch nicht alles regeln, wie
sie möchten. Die Rechtsprechung akzeptiert keine offensichtlich einseitigen
Eheverträge, die für den belasteten Ehegatten bei verständiger Würdigung des
Wesens der Ehe als unzumutbar erscheinen. Wenn also der Ehevertrag in den
gesetzlich geregelten Bereich eingreift, muss darauf geachtet werden, ob die
Regelung überhaupt als wirksam angesehen werden kann. Die Rechtsprechung stört sich hier insbesondere an totalen Unterhaltsausschlüssen in Fällen von Kindesbetreuung, Alter und Krankheit. Es wird auch überprüft, ob
sich die Lebenssituation gegenüber dem Zeitpunkt des Vertragsabschlusses
maßgeblich verändert hat und insofern der Vertrag an die neuen Lebensverhältnisse anzupassen ist.

Vereinbarungen zur einvernehmlichen Scheidung

Die Ehegatten können nach einjähriger Trennung auf Antrag eines Ehegatten
geschieden werden, falls der andere Ehegatte zustimmt. Voraussetzung dafür
ist jedoch eine einvernehmliche Regelung der Ehegatten über die wesentlichen
Scheidungsfolgesachen.

Tipp: Sollte eine einvernehmliche Regelung möglich sein, ist diese unbedingt
im Interesse einer möglichst kostengünstigen Scheidung anzustreben. Ein gu-
ter Anwalt sollte zunächst immer prüfen, ob eine solche Scheidung in Betracht
kommt. Natürlich ist eine einvernehmliche Scheidung nicht in allen Fällen
möglich. Dann sollte der Rechtsweg auch ohne schlechtes Gewissen beschrit-
ten werden.

Die Vereinbarung zur einvernehmlichen Scheidung durch die Ehegatten sollte
folgende Punkte beinhalten:
• Beide Ehegatten beantragen die Scheidung beziehungsweise sind mit der
  Scheidung einverstanden.
• Anträge zur elterlichen Sorge werden nicht gestellt oder sie werden einver-
  nehmlich gestellt.

• Die Ehegatten sind sich über die Regelung der Unterhaltspflicht gegenüber eventuellen Kindern oder gegenüber einem der Ehegatten einig. Auch hinsichtlich der Rechtsverhältnisse in Bezug auf Ehewohnung und Hausrat besteht Einigkeit.

Sorgeerklärung und Zustimmungen müssen öffentlich beurkundet werden, dies kann beim Jugendamt (kostenlos) oder Notar geschehen. Enthält die Scheidungsfolgenvereinbarung auch eine Regelung über den Zugewinnausgleich, was oft der Fall ist, bedarf die Vereinbarung der notariellen Beurkundung, weil der Güterstand mit dem Zugewinnausgleich geändert wird. Ist das Scheidungsverfahren bereits beendet, muss die Vereinbarung über den Zugewinn nicht mehr notariell beurkundet werden. Wenn beide Parteien anwaltlich vertreten sind, kann diese Vereinbarung auch vor Gericht erfolgen.

Vereinbarungen zur Ehewohnung

Sie müssen sich mit Ihrem Ehegatten über die künftige Nutzung der Ehewohnung einigen.

Tipp: Bei weiterer gemeinsamer Nutzung der Wohnung sollten Sie Ihr Getrenntleben detailliert regeln. Die Rechtsprechung stellt an diese Scheidungsvoraussetzung sehr strenge Anforderungen (siehe Seite 10).

Wenn die Ehewohnung Ihnen, Ihrem Ehegatten oder Ihnen beiden gehört, können Sie ohne Weiteres Regelungen über die Nutzung der Ehewohnung treffen. Haben Sie die Ehewohnung jedoch gemietet, muss der Vermieter der neuen Regelung zustimmen (siehe Seite 26f.). Hierüber sollten Sie möglichst schnell zu einer Einigung mit dem Vermieter kommen.

Vereinbarungen zum Zugewinn

In der Regel entspricht es den Interessen der Ehegatten, für die Zeit der Trennung den Zugewinn auszuschließen. Dies wird regelmäßig dadurch erreicht, dass die Scheidungsfolgenvereinbarung ab dem Trennungszeitpunkt Gütertrennung vorsieht und den Zugewinnausgleich vertraglich festlegt. Sie sollten sich hierbei auch überlegen, wie mit gemeinsam erworbenem Vermögen zu verfahren ist.

Vereinbarungen zum Ehegattenunterhalt

Eine Regelung wirft dann keine Probleme auf, wenn beide Ehegatten nicht auf Unterhalt angewiesen sind und auf diesen verzichten. Sollte dies nicht der Fall sein, können Sie einfach festlegen, dass der Vertrag nach dem gesetzlichen Unterhaltsrecht gestaltet wird.

Vereinbarungen zum Versorgungsausgleich

Die Feststellung der Anwartschaften, das heißt die Feststellung, welche Rentenansprüche beide Ehegatten mittlerweile erworben haben, ist relativ schwierig. Wenn Sie also einen Verzicht auf den Versorgungsausgleich vereinbaren wollen, können Sie dies unmittelbar regeln, müssen aber beachten, dass der Scheidungsantrag dann erst nach Ablauf eines Jahres gestellt werden kann und dass Ihre Vereinbarung der Genehmigung des Familiengerichtes bedarf. Ansonsten legen Sie einfach fest, dass der gesetzliche Versorgungsausgleich durchgeführt werden soll.

Vereinbarungen zum Kindesunterhalt

Ihre Vereinbarung kann sich hier nur auf den gesetzlichen Unterhaltsanspruch beziehen. Ein Ausschluss des Unterhalts für die Zukunft ist nicht möglich. Sie können also nur festlegen, wie hoch der Unterhalt sein soll, beziehungsweise wovon die Höhe abhängt. Derjenige, den die Unterhaltsverpflichtung trifft, kann sich der sofortigen Zwangsvollstreckung unterwerfen. Das würde bedeuten, dass für den Fall, dass der Verpflichtete seiner Unterhaltsverpflichtung nicht nachkommt, der andere Ehegatte relativ schnell vollstrecken kann.

Regelungen zum Erb- und Pflichtteilsverzicht

Es empfiehlt sich, eine Regelung über den gegenseitigen Erb- und Pflichtteilsverzicht zu treffen, weil jeder Ehegatte bis zur Scheidung noch die gesetzlichen Erbansprüche hat (siehe Seite 109ff.). Da Sie sich aber entschieden haben, sich zu trennen, entspricht dies in der Regel nicht mehr Ihrem Wunsch.

BEISPIEL

Trennungs- und Scheidungsfolgenvereinbarung
(notarielle Beurkundung)

§ 1
Vorwort

Die Eheleute Manfred und Claudia haben am 15. Juli 1983 vor dem Standesbeamten in Musterstadt beide aus ledigem Stand die Ehe geschlossen.

Einen Ehevertrag haben sie bisher nicht errichtet und leben daher im gesetzlichen Güterstand der Gütertrennung mit Zugewinnausgleich.

Aus der Ehe sind hervorgegangen
a) Christian, geboren am 24.11.1993,
b) Rebecca, geboren am 10.07.1997,
beide wohnhaft bei der Mutter.

Frau Claudia beabsichtigt, Antrag auf Scheidung der Ehe zu stellen. Herr Manfred wird dem Antrag nicht entgegentreten.

Frau Claudia ist aus der ehegemeinschaftlichen Wohnung am 29. Oktober 2002 ausgezogen. Seit diesem Zeitpunkt leben die Eheleute getrennt. Die Ehefrau hat kein Einkommen; der Ehemann ist als Architekt angestellt und hat ein Einkommen von 5 000,00 Euro monatlich netto.

§ 2
Zugewinnausgleich

Die Eheleute schließen den gesetzlichen Güterstand der Zugewinngemeinschaft aus und vereinbaren mit Wirkung ab heute Gütertrennung nach den Bestimmungen des Bürgerlichen Gesetzbuchs.

Die Aufstellung einer Liste der Vermögensgegenstände ist nicht erforderlich.

Eine Veröffentlichung im Güterrechtsregister soll nicht erfolgen.

Als Ausgleich des Zugewinns bezahlt Herr Manfred an Frau Claudia den Betrag von 25 000,00 Euro. Ein Teilbetrag in Höhe von 5 000,00 Euro ist bereits bezahlt, der Rest ist spätestens am 31. Dezember 2007 fällig. Zinsen oder Sicherheiten werden nicht vereinbart.

Wegen dieser Verpflichtung unterwirft sich Herr Manfred der sofortigen Zwangsvollstreckung in sein gesamtes Vermögen.

Die Beteiligten sind sich einig, dass damit der Zugewinnausgleich durchgeführt ist und insoweit keine gegenseitigen Ansprüche mehr bestehen.

§ 3
Hausrat

Der Hausrat ist auseinandergesetzt. Die einzelnen Gegenstände sind in das Eigentum des jeweiligen Erwerbers übertragen.

§ 4
Unterhaltsverzicht

Herr Manfred und Frau Claudia verzichten ab Rechtskraft der Scheidung auf jeglichen Unterhalt und nehmen den Verzicht gegenseitig an.

§ 5
Versorgungsausgleich

Eine Regelung des Versorgungsausgleichs wird nicht gewünscht.

§ 6
Erb- und Pflichtteilsverzicht

Die Ehegatten verzichten gegenseitig auf alle Erb- und Pflichtteilsrechte und nehmen den Verzicht gegenseitig an. Auf amtliche Hinterlegung wird verzichtet.

§ 7
Elterliche Sorge

Die Ehegatten sind sich einig, die elterliche Sorge weiterhin gemeinsam ausüben zu wollen. Anträge an das Familiengericht sollen daher nicht gestellt werden.

§ 8
Kindesunterhalt

Herr Manfred anerkennt, als Unterhalt den minderjährigen Kindern
a) Christian den Betrag von 800,00 Euro,
b) Rebecca den Betrag von 800,00 Euro,
monatlich im Voraus bis 3. Werktag eines Monats fällig zu schulden.

Die Kinder sollen hierdurch unmittelbar begünstigt werden und den Anspruch gegen den Vater Manfred geltend machen können.
　　Wegen aller vorstehenden Zahlungsverpflichtungen unterwirft sich Herr Manfred den Berechtigten sowie Frau Claudia gegenüber der sofortigen Zwangsvollstreckung aus dieser Urkunde in sein gesamtes Vermögen. Den Berechtigten – zu Händen von Frau Claudia – soll auf Anforderung jederzeit eine vollstreckbare Ausfertigung dieser Urkunde erteilt werden können.

Die Ehegatten sind sich einig, dass der Ausbildungsfreibetrag und die steuerlichen Vorteile dem Ehemann und das Kindergeld der Ehefrau zustehen. Versicherungen für die Kinder gehen zu Lasten des Ehemanns.

§ 9
Kosten

Die Kosten tragen Herr Manfred und Frau Claudia je zur Hälfte.

Die nicht eheliche Lebensgemeinschaft

Mittlerweile ist die nicht eheliche Lebensgemeinschaft als alternative Lebensform neben der Ehe sowohl gesellschaftlich als auch rechtlich weitgehend anerkannt. Bis vor wenigen Jahren war sie teilweise noch mit dem Makel der Sittenwidrigkeit behaftet. In Bayern war sie beispielsweise bis Ende der 1960er Jahre nach dem dortigen Landesstrafgesetzbuch unter Strafe gestellt. Nunmehr erkennt sie jedoch auch die Rechtsprechung als typische Form des sozialen Lebens an.

Wann liegt eine nicht eheliche Lebensgemeinschaft vor?

Die nicht eheliche Lebensgemeinschaft ist abzugrenzen von der bloßen Wohn- und Wirtschaftsgemeinschaft, bei der es an der für eine Lebensgemeinschaft typischen persönlichen Beziehung der Partner fehlt. Nicht eheliche Lebensgemeinschaften unterscheiden sich jedoch in ihrer Dauer, Intensität und Ernsthaftigkeit in starkem Maße.

Die stärkste Form der nicht ehelichen Lebensgemeinschaft stellt die »eheähnliche Gemeinschaft« dar. Hierbei handelt es sich um eine Lebensgemeinschaft von Partnern verschiedenen Geschlechts ohne eine daneben bestehende weitere Gemeinschaft gleicher Art, die soweit gefestigt ist, dass sich die Partner füreinander verantwortlich fühlen und dass sie zunächst für den gemeinsamen Lebensunterhalt aufkommen, bevor sie ihr persönliches Einkommen zur Befriedigung eigener Bedürfnisse verwenden (Verantwortungs- und Einstandsgemeinschaft). Die Rechtsprechung nimmt eine solche Gemeinschaft an, wenn bestimmte Indizien gegeben sind, zum Beispiel längere Dauer der Gemeinschaft, Versorgung von Kindern, Verfügungsbefugnis über das Vermögen und Einkommen des Partners u. Ä.

ACHTUNG

Wenn Sie sich nicht in einer Ehe, sondern in einer nicht ehelichen Lebensgemeinschaft befinden, müssen Sie sich darüber im Klaren sein, dass es kaum gesetzliche Regelungen hinsichtlich Ihrer Lebensform gibt. Sie sind daher auf die Rechtsprechung angewiesen, die sich derzeit noch im Fluss befindet. Sie bewegen sich damit rechtlich in einem weniger sicheren Bereich als dem der Ehe.

Gleichstellung der nicht ehelichen Lebensgemeinschaft mit der Ehe

Es ist zwar mittlerweile anerkannt, dass die Parteien einer nicht ehelichen Lebensgemeinschaft nicht rechtlos gestellt sein wollen, aber die weitgehenden rechtlichen Wirkungen einer Ehe haben diese Partner gerade abgelehnt. Und die Rechtsprechung verzichtet darauf, den Partnern einer nicht ehelichen Lebensgemeinschaft diese Rechtswirkungen aufzudrängen. Wesentliche Regelungen bezüglich der Ehe, also zum Beispiel der Familienunterhalt, der Trennungsunterhalt, der nacheheliche Unterhalt, der Versorgungsausgleich und auch der Zugewinnausgleich, werden daher bei Vorliegen der nicht ehelichen Lebensgemeinschaft nicht angewandt.

Sie können dieser Rechtsunsicherheit aber durch vertragliche Regelungen begegnen. Den persönlichen Bereich können Sie nicht regeln, jedoch sind die wirtschaftlichen und vermögensrechtlichen Angelegenheiten ohne Weiteres gestaltbar. Der Abschluss unterhaltsrechtlicher Vereinbarungen ist ebenso möglich wie die Übertragung einzelner wertvoller Gegenstände oder die testamentarische Erbeinsetzung des nicht ehelichen Lebenspartners.

ACHTUNG

Der nicht eheliche Lebenspartner ist erbschaftsteuerlich in der dritten Steuerklasse angesiedelt, sodass ihm lediglich ein Steuerfreibetrag in Höhe von 5 200 Euro zusteht.

Eine Abfindungsvereinbarung für den Fall der Beendigung der nicht ehelichen Lebensgemeinschaft muss allerdings deutlich erkennbar eine pauschale Abgeltung konkreter vermögensrechtlicher Ansprüche darstellen und darf nicht den Charakter einer Vertragsstrafe für die Weigerung der Fortsetzung der an sich jederzeit auflösbaren Gemeinschaft sein. In letzterem Falle wäre die Abfindungsvereinbarung sittenwidrig.

Die wenigsten nicht ehelichen Lebensgemeinschaften haben jedoch ihre wirtschaftlichen und vermögensrechtlichen Angelegenheiten vertraglich geregelt. Sollten Sie also vorhaben, sich aus einer langjährigen nicht ehelichen Lebensgemeinschaft zu lösen, so ist relativ wahrscheinlich, dass Sie bei Uneinigkeit mit Ihrem ehemaligen Partner über wirtschaftliche und vermögensrechtliche Fragen die Gerichte bemühen müssen. Unproblematisch ist die Angelegenheit eigentlich nur dann, wenn Sie Ihre Vermögensverhältnisse stets getrennt halten und auch keiner der Partner wegen gemeinsamer Kinder auf berufliche Möglichkeiten verzichtet hat. In diesem Falle hätten Sie jedoch wahrscheinlich nicht diesen Scheidungsratgeber erworben.

Die Folgen der Trennung

Ich werde mich bemühen, im Folgenden kurz auf einige der am häufigsten gestellten Fragen im Falle der Trennung einer nicht ehelichen Lebensgemeinschaft einzugehen.

Zunächst stellt sich die Frage, wer Eigentümer an den verschiedenen Hausratsgegenständen ist. Grundsätzlich gilt, dass jeder Partner Eigentümer der von ihm mitgebrachten Sachen bleibt. Problematischer ist die Frage, wie mit Hausratsgegenständen zu verfahren ist, die während der Dauer der nicht ehelichen Lebensgemeinschaft angeschafft wurden. Hier ist die Rechtsprechung sehr uneinheitlich. Es wird die Meinung vertreten, dass Hausratseigentum selbst dann beiden Partnern gehört, wenn diese lediglich durch einen Partner finanziert wurden. Das soll insbesondere dann gelten, wenn einer der Partner ohne Einkommen gewesen ist. Andere Richter lehnen genau dies ab und argumentieren, dass es in der nicht ehelichen Lebensgemeinschaft für den Partner, der den Hausratsgegenstand nicht finanziert hat, ausreichend gewesen sei, dass er diesen auch gebrauchen durfte. Das Eigentum stehe somit demjenigen zu, der den Hausratsgegenstand finanziert habe. Wieder eine andere Meinung in der Praxis der Gerichte möchte hier nach den Umständen des Einzelfalles entscheiden. Es kommt dann beispielsweise darauf an, ob der nicht zahlende Partner bei dem Kauf zugegen war o. Ä. Haben beide Lebenspartner den Gegenstand finanziert, werden sie in der Regel auch beide Eigentümer sein.

Tipp: In dieser Frage sollten Sie unbedingt einen Anwalt vor Ort aufsuchen, der Ihnen Auskunft darüber geben kann, wie die zuständigen Gerichte die Angelegenheit beurteilen.

Bei Gegenständen des persönlichen Gebrauchs wird ausnahmsweise eine Vorschrift aus dem Bereich der Ehe angewandt. Hiernach soll im Zweifel Alleineigentum desjenigen Partners bestehen, der den Gegenstand in seinem persönlichen Gebrauch hat.

Fraglich ist nun, wie Sie sich bei einer Trennung von Ihrem Partner vermögensrechtlich auseinandersetzen. Unproblematisch ist allein der Fall, dass derjenige Partner, der einen Vermögensgegenstand finanziert hat, auch Eigentümer ist. Dieser Alleineigentümer kann dann einfach sein Eigentum für sich beanspruchen, ohne einen Wertausgleich leisten zu müssen. Sollten Sie jedoch Miteigentümer eines Gegenstandes sein, müssen Sie entweder die Gegenstände aufteilen oder bei Unteilbarkeit veräußern und den Erlös teilen. Sollte Ihr Partner sich weigern, müssten Sie im Klageweg durchsetzen, dass er die Veräußerung nach Pfandvorschriften zu dulden hat, das heißt, dass er den Gegenstand gegebenenfalls an den Gerichtsvollzieher herausgeben und einwilligen muss, dass der Erlös geteilt wird.

Nun wird aber oft eingewandt, dass derjenige Partner, der nicht formal an dem Vermögensgegenstand berechtigt ist, mittelbar oder unmittelbar durch seinen Beitrag zur Lebensgemeinschaft auch einen wirtschaftlichen Anteil an dem Vermögensgegenstand haben soll. In der Ehe lässt sich dieses Problem ohne Weiteres durch beispielsweise den Zugewinnausgleich lösen. Aber einen solchen Ausgleichsanspruch kraft Gesetzes gibt es in der nicht ehelichen Lebensgemeinschaft eben nicht.

ACHTUNG

Es gibt hierzu eine umfangreiche Rechtsprechung, die durchaus unterschiedliche Lösungen bevorzugt, sodass Sie auf jeden Fall einen Anwalt aufsuchen müssen, um mit dessen Hilfe die Einzelheiten zu klären.

Grundsätzlich gilt, dass man nicht verlangen kann, Leistungen oder Zuwendungen jeder Art, die während des Zusammenlebens erbracht worden sind, zu ersetzen. Wer eine rechtliche Bindung durch Vermeidung der Eheschließung gerade nicht eingeht, übernimmt damit auch das Risiko, dass er wirtschaftliche Leistungen erbringt, die er dann nicht in vollem Umfang ausnutzen oder ersetzt verlangen kann.

Haben Sie also beispielsweise den Haushalt allein geführt, so können Sie hierfür keinen Ersatz verlangen. Dasselbe gilt auch für Pflegeleistungen, Handwerksarbeiten o. Ä. Etwas anderes kann allenfalls dann gelten, wenn die erbrachten Leistungen weit über das Maß dessen hinausgehen, was im Rahmen des Zusammenlebens in einer nicht ehelichen Lebensgemeinschaft üblich ist.

Hier kommen beispielsweise bereicherungsrechtliche Ansprüche in Betracht, wenn ein Partner im Betrieb des anderen über lange Zeit unentgeltlich mitgearbeitet hat in der Erwartung, dass es zur Eheschließung kommen werde. Im Ausnahmefall kann auch eine Auseinandersetzung nach gesellschaftsrechtlichen Grundsätzen angestrebt werden. Dies gelingt aber nur selten, da eine generelle Anwendung dazu führen würde, dass letztlich ein Zustand erreicht würde, der dem Zugewinnausgleich der Ehe entspräche, was gerade nicht gewollt ist.

Gesellschaftsrecht wird dann angewandt, wenn die Partner mit dem Erwerb von Vermögensgegenständen oder Beteiligung am Unternehmen des anderen einen wirtschaftlichen Wert schaffen wollen, der über den Zweck der Lebensgemeinschaft hinausgehen soll.

Es gibt also zwei Voraussetzungen für Ausgleichsansprüche:
- Der Partner, der einen Ausgleich geltend macht, muss objektiv einen wesentlichen Beitrag geleistet haben und
- beide Partner haben die Absicht verfolgt, einen gemeinschaftlichen Wert zu schaffen.

Am häufigsten wird wohl der Fall sein, dass die Lebenspartner gemeinsam ein Haus gebaut haben. Hier kommt es dann nicht entscheidend darauf an, wer beispielsweise formal im Grundbuch als Eigentümer steht, wenn auch der andere Partner einen wesentlichen Beitrag für den Bau dieses Hauses geleistet hat. Dies wirft keine erheblichen Schwierigkeiten auf, wenn es um finanzielle Leistungen geht. Bei dem Einsatz von Arbeitskraft jedoch wird es schon deutlich schwieriger. Reine Handlangertätigkeiten beim Aufbau des Familienheimes führen zumeist weder zu einem verbliebenen messbaren Vermögensvorteil, noch stellen sie einen objektiv wesentlichen Beitrag dar. Wenn sich ein messbarer Vermögensvorteil feststellen lässt, kann der Ausgleichsberechtigte die Auseinandersetzung vor Gericht verlangen, was zur Aufteilung des Vermögens führen würde. Er kann aber auch nur die Erstattung seiner Einlagen verlangen. Der ausgleichsverpflichtete Partner müsste ihm dann den Wert in Geld herausgeben.

Wenn ein Partner dem anderen wertvolle Geschenke gemacht hat, kommt unter Umständen auch ein Schenkungswiderruf in Betracht – jedoch nur im Falle groben Undanks durch eine schwere Verfehlung zum Beispiel Bedrohung oder körperliche Misshandlungen, grundlose Strafanzeigen o. Ä.

Tipp: Die Rechtsprechung hat die Voraussetzung für einen Schenkungswiderruf zum Teil auch bejaht, wenn noch wertvolle Geschenke entgegengenommen wurden, obwohl innerlich bereits der feste Entschluss bestand, sich von dem Partner zu trennen, beziehungsweise eine andere Beziehung bereits eingegangen wurde.

Berechtigt an einem Bankguthaben ist auf jeden Fall der jeweilige Kontoinhaber. Sollten Sie Kontoinhaber sein, denken Sie daran, eine eventuelle Vollmacht Ihres ehemaligen Partners gegenüber der Bank unverzüglich zu widerrufen. Nur in Ausnahmefällen kommen hier Ausgleichsansprüche in Betracht, beispielsweise wenn ein größeres Vermögen, das der gemeinsamen Altersversorgung dienen sollte, hinterlegt wurde.

Hinsichtlich gemeinsamer Schulden sollten Sie versuchen – soweit dies möglich ist –, sich aus Gesamtverbindlichkeiten zu lösen. Eine Bank etwa wird sich schwertun, einen Schuldner aus der Pflicht zu entlassen, wenn gerade seine Bonität zur Kreditwürdigkeit führte. Grundsätzlich gilt auch hier wieder, dass etwaige Tilgungsleistungen nur in Ausnahmefällen ausgeglichen werden. Hinsichtlich des Haftungsanteils ist grundsätzlich danach zu fragen, wer den finanzierten Vermögensgegenstand wesentlich erhält.

Die eingetragene Lebenspartnerschaft

Nach langen und heftigen Kontroversen in der politischen Diskussion ist das Gesetz zur Beendigung der Diskriminierung gleichgeschlechtlicher Gemeinschaften oder auch LPartG zum 1.8.01 in Kraft getreten. Durch dieses Gesetz wurde das eigenständige Rechtsinstitut der eingetragenen Lebenspartnerschaft für gleichgeschlechtliche Partner begründet. Es ist der Ehe weitgehend gleichgestellt. Aus diesem Grund kam es auch zu heftigen Unstimmigkeiten. Die Länder Bayern, Sachsen und Thüringen haben das Gesetz beim Bundesverfassungsgericht überprüfen lassen. Das Bundesverfassungsgericht vertrat jedoch die Auffassung, dass dem Institut der Ehe durch die Einrichtung eines ihr ähnlichen Institutes für gleichgeschlechtliche Paare keine Nachteile drohen. Die eingetragene Lebenspartnerschaft weist Parallelen zu verschiedenen Kernbereichen der Ehe auf, so hinsichtlich der Verpflichtung zur partnerschaftlichen Lebensgemeinschaft, der Möglichkeit, einen gemeinsamen Namen zu tragen, der Unterhaltsverpflichtung, einer Art Zugewinnausgleich und des gesetzlichen Erbrechts. Zudem kann auch die eingetragene Lebenspartnerschaft nur durch gerichtliches Urteil wieder aufgehoben werden.

Begründung einer Lebenspartnerschaft

Menschen gleichen Geschlechtes können eine Lebenspartnerschaft begründen, wenn sie gegenseitig persönlich und bei gleichzeitiger Anwesenheit erklären, miteinander eine Partnerschaft auf Lebenszeit führen zu wollen. Ausgeschlossen ist die Begründung einer Lebenspartnerschaft mit einer minderjährigen, einer verheirateten oder einer solchen Person, die bereits mit einer anderen Person eine Lebenspartnerschaft führt.

Die Erklärung, eine Lebenspartnerschaft führen zu wollen, ist gegenüber der zuständigen Behörde abzugeben. Die Frage der Zuständigkeit regelt sich nach Landesrecht. In der Regel ist das Standesamt zuständig. Ausnahmen sind Bayern, Sachsen und Thüringen. Hier sind die Regierungspräsidien, das Landesverwaltungsamt oder auch Notare zuständig. Die Lebenspartner müssen eine Erklärung über ihren Vermögensstand abgeben und haben insoweit die Wahl zwischen der Ausgleichsgemeinschaft, die der Zugewinngemeinschaft unter Eheleuten entspricht, und dem Abschluss eines notariellen Lebenspartnerschaftsvertrags. Auf den Unterschied wird im Folgenden noch näher eingegangen.

Trennung und Trennungsfolgen

Zunächst ist im Rahmen einer eingetragenen Lebenspartnerschaft zu klären, wann überhaupt eine Trennung vorliegt. Da die Lebenspartner, anders als Eheleute, nicht zur Herstellung einer häuslichen Gemeinschaft verpflichtet sind, liegt eine Trennung dann vor, wenn die Partner voneinander getrennt leben und einer der Partner den Willen erklärt hat, die Partnerschaft nicht mehr fortsetzen zu wollen. Es ist also sowohl erforderlich, dass die Partner nicht mehr zusammenleben, als auch die Abgabe der Erklärung, damit die Trennung nach außen deutlich wird.

Im Falle einer Trennung kann ein vermindert erwerbstätiger Lebenspartner von dem anderen den nach den Lebensverhältnissen und den Erwerbs- und Vermögensverhältnissen angemessenen Unterhalt verlangen, wobei der nicht erwerbstätige Lebenspartner vorrangig darauf verwiesen werden kann, seinen Unterhalt durch eigene Erwerbstätigkeit zu verdienen. Hierin ist immer noch ein wesentlicher Unterschied zur Ehe zu sehen, denn der Getrenntlebensunterhalt bei Vorliegen einer Ehe kennt den Verweis auf die Erwerbstätigkeit lediglich als Ausnahme. Auf eine eigene Erwerbstätigkeit kann einer der Partner nur dann nicht verwiesen werden, wenn nach seinen persönlichen Verhältnissen unter Berücksichtigung der Dauer der Lebenspartnerschaft und nach den wirtschaftlichen Verhältnissen der Lebenspartner eine Erwerbstätigkeit von ihm nicht erwartet werden kann. Diese Regelung soll jedoch eine Ausnahme darstellen.

Wie bei der Ehe werden auch bei der Lebenspartnerschaft die ehelichen Lebensverhältnisse zum Bedarfsmaßstab für die Unterhaltsbemessung gewählt. Somit herrscht auch hier eine gewisse Bestandsgarantie, jedenfalls bis zur rechtskräftigen Auflösung der eingetragenen Partnerschaft. Einen Altersvorsorgeunterhaltsanspruch wie im Rahmen einer Ehe gibt es bei der eingetragenen Lebenspartnerschaft nicht.

Die Regelungen hinsichtlich des Hausrats und der Wohnung sind weitgehend identisch mit den Regelungen in der Ehe. Sie können sich hier in den jeweiligen Kapiteln informieren und sollten einen Anwalt aufsuchen, wenn Sie sich mit Ihrem Lebenspartner nicht gütlich einigen können (siehe Seite 24ff.). Bei Vorliegen von Gewalttätigkeiten ist eine Wohnungszuweisung jetzt nicht mehr nur im Falle schwerer Härte, sondern bereits bei unbilliger Härte zulässig. Demnach ist nunmehr die gesamte Wohnung zu überlassen, wenn einer der Lebenspartner den Körper, die Gesundheit oder die Freiheit des anderen vorsätzlich verletzt hat – oder mit einer solchen Verletzung gedroht hat.

Im Rahmen der eingetragenen Lebenspartnerschaft gibt es das sogenannte kleine Sorgerecht. Hiernach hat ein Lebenspartner für ein minderjähriges Kind, das der andere Lebenspartner mit in die Partnerschaft gebracht hat und für welches dieser das alleinige Sorgerecht ausübt, im Einvernehmen die Befugnis zur Mitentscheidung in Angelegenheiten des täglichen Lebens. Diese Mitwirkungsbefugnis endet, wenn die Lebenspartner nicht nur vorübergehend getrennt leben oder wenn das Familiengericht eine entsprechende Regelung getroffen hat.

Das Erbrecht des eingetragenen Lebenspartners ist weitgehend dem des Ehegatten angeglichen. Daher endet auch hier das Erbrecht des Lebenspartners, wenn die Voraussetzungen für die Aufhebung der Lebenspartnerschaft gegeben sind und der Erblasser der Aufhebung zugestimmt oder sie beantragt hat. Auch bei der Lebenspartnerschaft ist eine gewisse Trennungszeit Voraussetzung für die Aufhebung. Sollte die Trennungszeit noch nicht abgelaufen sein, endet das Erbrecht dann, wenn der Erblasser einen Antrag auf Aufhebung der Lebenspartnerschaft wegen unzumutbarer Härte gestellt hat.

Aufhebung der Partnerschaft und Aufhebungsfolgen

In § 15 Abs. 2 LPartG sind drei Möglichkeiten vorgesehen, eine Lebenspartnerschaft zu beenden.

1. Beide Lebenspartner haben erklärt, die Lebenspartnerschaft nicht fortsetzen zu wollen, und seit der Erklärung sind 12 Monate vergangen.
2. Ein Lebenspartner erklärt, die Lebenspartnerschaft nicht fortsetzen zu wollen, und seit der Erklärung sind 36 Monate vergangen.
3. Die Fortsetzung der Lebenspartnerschaft ist für einen der Lebenspartner aus Gründen, die in der Person des anderen Lebenspartners liegen, eine unzumutbare Härte. In diesem Fall gibt es keine Wartezeit.

Die Erklärungen bedürfen der öffentlichen Beurkundung und sind persönlich abzugeben. Ebenso wie in der Ehe kann auch die eingetragene Lebenspartnerschaft nur durch gerichtliches Urteil aufgehoben werden, wobei hierzu der Antrag eines oder beider Partner erforderlich ist.

Hinsichtlich des Unterhalts gibt es, anders als bei der Ehe, keine Aufzählung von Unterhaltstatbeständen. Es gibt hier vielmehr nur einen Unterhaltsanspruch, der dann bestehen soll, wenn ein Lebenspartner nach der Aufhebung der Lebenspartnerschaft nicht selbst für seinen Unterhalt sorgen kann. Gedacht ist hier an Alter, Krankheit oder Kindesbetreuung. Die Unterhaltsregelung ist daher deutlich weniger reglementiert und lässt mehr Spielraum. Es besteht insbesondere auch dann ein Unterhaltsanspruch, wenn sich der unterhaltsbedürftige Lebenspartner in wirtschaftlicher Abhängigkeit von dem anderen Lebenspartner befindet.

ACHTUNG

Bei diesem Unterhaltstatbestand handelt es sich um eine Ausnahmevorschrift, die insofern restriktiv gehandhabt wird. Wollen Sie hier Unterhaltsansprüche geltend machen, werden Sie gute Gründe vorbringen müssen, warum Sie nicht selbst für Ihren Lebensunterhalt aufkommen können.

Insbesondere gibt es auch keinen Aufstockungsunterhalt. Kann also ein Lebenspartner zwar arbeiten, ist jedoch nicht in der Lage, die lebenspartnerschaftlichen Verhältnisse aufrechtzuerhalten, hat er keinen Anspruch darauf, dass ihm dies nach Aufhebung der Partnerschaft im Wege des Aufstockungsunterhalts weiter gewährt wird. Der Lebenspartner hat auch jede Erwerbstätigkeit anzunehmen und kann sich niemals darauf berufen, dass ihm irgendeine Tätigkeit nicht zuzumuten wäre. Insoweit hat das Unterhaltsrecht der eingetragenen Lebenspartnerschaft Parallelen zum neuen Unterhaltsrecht.

Sollte eine weitere Lebenspartnerschaft begründet werden, so steht der frühere Lebenspartner dem jetzigen im Range nach. Nachrangig sind auch Unterhaltsansprüche nach dem LPartG gegenüber minderjährigen und volljährigen Kindern sowie gegenüber Ehegatten.

Es gibt keinen Versorgungsausgleich. Hinsichtlich des Hausrats und der Wohnung ist wiederum eine parallele Regelung zur Ehe geschaffen worden (siehe Seite 24 und 28ff.). Ein gemeinsam begründetes Mietverhältnis kann von nur einem Partner per Gerichtsentscheidung fortgesetzt werden. Das Gericht kann auch festlegen, dass ein Mietverhältnis, das von einem Partner begründet wurde, nunmehr durch den anderen fortgesetzt wird. Eine Wohnung, die im Allein- oder Miteigentum eines Partners steht, kann dem jeweils anderen Partner zugewiesen werden. Eine solche Wohnungszuweisung erfolgt aber nur, wenn gewichtige Gründe vorliegen. Normalerweise legt das Gericht dann eine zeitliche Regelung fest.

Hinsichtlich der vermögensrechtlichen Verhältnisse mussten die Lebenspartner bei Begründung der Lebenspartnerschaft eine Erklärung abgeben. Sie haben also entweder eine Ausgleichsgemeinschaft vereinbart oder einen Lebenspartnerschaftsvertrag, der ausführlicher ist und notariell beurkundet werden muss, abgeschlossen.

Die Ausgleichsgemeinschaft entspricht der Zugewinngemeinschaft. Das während der Partnerschaft erworbene Vermögen wird nicht gemeinschaftliches Vermögen, aber der während der Partnerschaft erzielte Vermögenszuwachs wird ausgeglichen. Auf die Vorschriften der Zugewinngemeinschaft wird hier ausdrücklich Bezug genommen, sodass Sie sich im Kapitel über die Zugewinngemeinschaft dazu informieren können (siehe Seite 98ff.).

Haben Sie sich für den Abschluss eines Lebenspartnerschaftsvertrags entschlossen, so gelten die Regelungen, die Sie hier getroffen haben.

Das Erbrecht erlischt, wenn die Lebenspartnerschaft beendet ist beziehungsweise wenn die Voraussetzungen der Beendigung gegeben sind und der Erblasser den Antrag auf Aufhebung gestellt hat beziehungsweise dem Antrag des anderen zugestimmt hat.

Das Verfahren

Auch in Lebenspartnerschaftssachen sind die Familiengerichte zuständig. Sie können sich hier, um einen groben Überblick zu erhalten, wiederum bei den Ausführungen hinsichtlich der Ehe informieren (siehe Seite 61ff.).

ANHANG

Musterantrag nach dem Gewaltschutzgesetz

BEISPIEL

An das Familiengericht   Ort, Datum

Antrag auf
1. Unterlassen gem. § 1 GewSchG
2. Erlass einer einstweilen Anordnung

In Sachen

Antragstellerin
geboren am
Staatsangehörigkeit
Anschrift (bei konkreter Gefahr Anschrift auf gesondertem Blatt mit der Bitte um Geheimhaltung oder Zustelladresse der Verfahrensbevollmächtigten angeben)

– Antragstellerin –

gegen

Antragsgegner
geboren am
Staatsangehörigkeit
Anschrift
– Antragsgegner –

beantrage ich, in der Hauptsache und im Wege der einstweilen Anordnung, wegen Dringlichkeit ohne vorherige mündliche Verhandlung, wie folgt zu beschließen:

Der Antragsgegner hat es zu unterlassen, die Antragstellerin, Kinder (namentlich benennen mit Geburtsdatum) zu bedrohen, zu verletzen oder sonst körperlich zu misshandeln.

Der Antragsgegner hat es zu unterlassen, mit der Antragstellerin in irgendeiner Form Kontakt aufzunehmen, auch unter Verwendung von Fernkommunikationsmitteln. Im Einzelnen wird dem Antragsgegner untersagt,

· die Antragstellerin anzurufen,
· die Antragstellerin anzusprechen,
· der Antragstellerin Faxe zu übermitteln,
· der Antragstellerin Telegramme zu übersenden,
· der Antragstellerin E-Mails zu senden,
· der Antragstellerin SMS zu senden.

Der Antragsgegner hat es zu unterlassen, die Wohnung / den Arbeitsplatz / den Wohnsitz der Eltern / Verwandten / Freunden der Antragstellerin in (genaue Adressen) zu betreten und sich auf eine Entfernung von 100 m zu nähern.

Das gilt auch für folgende Orte:

(Die Orte, an denen sich die Antragstellerin regelmäßig aufhält, sind genau zu benennen und mit entsprechender Adresse zu bezeichnen, zum Beispiel Supermarkt, Sportpark etc.)

Der Antragsgegner hat es zu unterlassen, das Haus, in dem sich die Wohnung der Antragstellerin befindet, zu betreten oder sich auf der Straße vor dem Haus/gegenüber dem Grundstück aufzuhalten.

Der Antragsgegner hat es zu unterlassen, das Haus, in dem sich

· die Kindertagesstätte
· die Schule

der/des Kindes befindet, zu betreten oder auf der Straße vor dem Haus zu warten.

Der Antragsgegner hat es zu unterlassen

· in die Wohnung der Antragstellerin
· in deren befriedetes Besitztum

einzudringen.

Der Antragsgegner hat es zu unterlassen, der Antragstellerin nachzustellen.

Der Antragsgegner hat es zu unterlassen, sich der Antragstellerin und/oder den Kindern außerhalb der Wohnung auf eine Entfernung von 100 m zu nähern, sie auf der Straße anzusprechen, ihnen zu folgen, ihnen hinterherzurufen.

Sollte es zu zufälligen Begegnungen kommen, so hat der Antragsgegner sofort den festgelegten Abstand herzustellen und einzuhalten.

Die Vollziehung der Anordnung ist gem. § 64 b Abs. 3 Satz 3 FGG vor ihrer Zustellung zulässig.

Die Antragstellerin kann sich zur Durchsetzung dieser einstweiligen Anordnung der Hilfe des Gerichtsvollziehers bedienen, der sich seinerseits der Hilfe der Polizei bedienen darf.

Dem Antragsgegner wird für jeden Fall der Zuwiderhandlung gegen diese einstweilige Anordnung die Verhängung eines Ordnungsgeldes bis zu 250 000 Euro und für den Fall, dass dieses nicht beigetrieben werden kann, ersatzweise Ordnungshaft bis zu 6 Monaten angedroht.

Der Antragsgegner wird darauf hingewiesen, dass eine Zuwiderhandlung gegen diese Verbote nach § 4 GewSchG neben dem angedrohten Ordnungsgeld oder der Ordnungshaft auch mit einer Freiheitsstrafe bis zu einem Jahr oder mit Geldstrafe geahndet werden kann.

Es wird gebeten, im Falle des Erlasses ohne mündliche Verhandlung nach § 64 b Abs. 3 Sätze 4 – 6 FGG zu verfahren:

Begründung:

(Der Sachverhalt ist genau wiederzugeben und die massiven Übergriffe darzustellen, wobei die Zeit und der Ort sowie die Folgen der Tat anzugeben sind und der Sachverhalt an Eides statt zu versichern ist. Sollten ärztliche Atteste oder Strafanzeigen vorhanden sein, so sind diese zu benennen. Soweit Zeugen vorhanden sind, sind diese ebenfalls zu benennen beziehungsweise von ihnen eidesstattliche Versicherungen beizulegen.)

Offizielle Anmerkungen zur Düsseldorfer Tabelle

1. Die Tabelle hat keine Gesetzeskraft, sondern stellt eine Richtlinie dar. Sie weist monatliche Unterhaltsrichtsätze aus, bezogen auf Unterhaltsverpflichtungen gegenüber einem Ehegatten und zwei Kindern. Bei einer größeren/geringeren Anzahl Unterhaltsberechtigter sind Ab- oder Zuschläge durch Einstufung in niedrigere/höhere Gruppen angemessen. Anmerkung 6 ist zu beachten. Zur Deckung des notwendigen Mindestbedarfs aller Beteiligten – einschließlich des Ehegatten – ist gegebenenfalls eine Herabstufung bis in die unterste Tabellengruppe vorzunehmen. Reicht das verfügbare Einkommen auch dann nicht aus, erfolgt eine Mangelberechnung nach Abschnitt C.

2. Die Richtsätze der 1. Einkommensgruppe entsprechen dem Regelbetrag in Euro nach der Regelbetrag-Verordnung West in der ab 1.7.2005 geltenden Fassung. Der Vomhundertsatz drückt die Steigerung des Richtsatzes der jeweiligen Einkommensgruppe gegenüber dem Regelbetrag (= 1. Einkommensgruppe) aus. Die durch Multiplikation des Regelbetrages mit dem Vomhundertsatz errechneten Richtsätze sind entsprechend § 1612 a Abs. 2 BGB aufgerundet.

3. Berufsbedingte Aufwendungen, die sich von den privaten Lebenshaltungskosten nach objektiven Merkmalen eindeutig abgrenzen lassen, sind vom Einkommen abzuziehen, wobei bei entsprechenden Anhaltspunkten eine Pauschale von 5 Prozent des Nettoeinkommens – mindestens 50 Euro, bei geringfügiger Teilzeitarbeit auch weniger, und höchstens 150 Euro monatlich – geschätzt werden kann. Übersteigen die berufsbedingten Aufwendungen die Pauschale, sind sie insgesamt nachzuweisen.

4. Berücksichtigungsfähige Schulden sind in der Regel vom Einkommen abzuziehen.

5. Der notwendige Eigenbedarf (Selbstbehalt)
   • gegenüber minderjährigen unverheirateten Kindern sowie
   • gegenüber volljährigen unverheirateten Kindern bis zur Vollendung des 21. Lebensjahres, die im Haushalt der Eltern oder eines Elternteils leben und sich in der allgemeinen Schulausbildung befinden, beträgt beim nicht erwerbstätigen Unterhaltspflichtigen monatlich 770 Euro, beim erwerbstätigen Unterhaltspflichtigen monatlich 900 Euro. Hierin sind bis

zu 360 Euro für Unterkunft einschließlich umlagefähiger Nebenkosten und Heizung (Warmmiete) enthalten. Der Selbstbehalt kann angemessen erhöht werden, wenn dieser Betrag im Einzelfall erheblich überschritten wird und dies nicht vermeidbar ist.

- gegenüber anderen volljährigen Kindern beträgt in der Regel mindestens 1 100 Euro monatlich. Darin ist eine Warmmiete bis 450 Euro enthalten.

6. Der Bedarfskontrollbetrag des Unterhaltspflichtigen ab Gruppe 2 ist nicht identisch mit dem Eigenbedarf. Er soll eine ausgewogene Verteilung des Einkommens zwischen dem Unterhaltspflichtigen und den unterhaltsberechtigten Kindern gewährleisten. Wird er unter Berücksichtigung auch des Ehegattenunterhalts (vgl. auch B V und VI) unterschritten, ist der Tabellenbetrag der nächstniedrigeren Gruppe, deren Bedarfskontrollbetrag nicht unterschritten wird, anzusetzen.

7. Bei volljährigen Kindern, die noch im Haushalt der Eltern oder eines Elternteils wohnen, bemisst sich der Unterhalt nach der 4. Altersstufe der Tabelle, wobei die Entscheidung des BGH vom 17.1.2007 – XII ZR 166/04 (FamRZ 2007, Seite 542) bei den Tabellenbeträgen der ersten drei Einkommensgruppen berücksichtigt wurde.

Der angemessene Gesamtunterhaltsbedarf eines Studierenden, der nicht bei seinen Eltern oder einem Elternteil wohnt, beträgt in der Regel monatlich 640 Euro. Hierin sind bis zu 270 Euro für Unterkunft einschließlich umlagefähiger Nebenkosten und Heizung/Warmmiete enthalten. Dieser Bedarfssatz kann auch für ein Kind mit eigenem Haushalt angesetzt werden.

8. Die Ausbildungsvergütung eines in der Berufsausbildung stehenden Kindes, das im Haushalt der Eltern oder eines Elternteils wohnt, ist vor ihrer Anrechnung in der Regel um einen ausbildungsbedingten Mehrbedarf von monatlich 90 Euro zu kürzen.

9. In den Unterhaltsbeträgen (Anmerkungen 1 und 7) sind Beiträge zur Kranken- und Pflegeversicherung nicht enthalten.

10. Das auf das jeweilige Kind entfallende Kindergeld ist nach § 1612 b Abs. 1 BGB grundsätzlich zur Hälfte auf den Tabellenunterhalt anzurechnen. Die Anrechnung des Kindergeldes unterbleibt, soweit der Unterhaltspflichtige außerstande ist, Unterhalt in Höhe von 135 Prozent des Regelbetrages (vergleiche Abschnitt A Anmerkung 2) zu leisten, soweit das Kind also

nicht wenigstens den Richtsatz der 6. Einkommensgruppe abzüglich des hälftigen Kindergeldes erhält (§ 1612 b Abs. 5 BGB). Beim Volljährigenunterhalt sind die Entscheidungen des BGH vom 26.10.2005 – XII ZR 346/03 – (FamRZ 2006, Seite 99) und vom 17.1.2007 – XII ZR 166/04 – (FamRZ 2007, Seite 542) zu berücksichtigen.

Das bis zur Einkommensgruppe 6 anzurechnende Kindergeld kann nach folgender Formel berechnet werden:

Anrechnungsbetrag = 1/2 des Kindergeldes + Richtsatz der jeweiligen Einkommensgruppe – Richtsatz der 6. Einkommensgruppe (135 Prozent des Regelbetrages).

Sie finden die aktuelle Düsseldorfer Tabelle sowie offizielle Anmerkungen zum Ehegattenunterhalt auch auf der Homepage des Oberlandesgerichts Düsseldorf (www.olg-duesseldorf.nrw.de/service/ddorftab/intro.htm).

Die Berliner Tabelle

Die Berliner Tabelle gilt ab 1. Juli 2007 als Vortabelle zur Düsseldorfer Tabelle mit den Kindergeldabzugstabellen für das alte Bundesgebiet und für das Gebiet der ehemaligen DDR.

Die Tabelle geht aus von den in Art. 1 § 2 der Fünften Verordnung zur Änderung der Regelbetrag-Verordnung vom 5.6.2007 festgesetzten Regelbeträgen ab 1.7.2007 für das in Artikel 3 des Einigungsvertrags genannte Gebiet (BGBl I 2007, 1044) und nennt in Ergänzung der Düsseldorfer Tabelle (Stand: 1.7.2007) die monatlichen Unterhaltsrichtsätze der im Beitrittsteil des Landes Berlin wohnenden minderjährigen unverheirateten Kinder, deren Unterhaltsschuldner gegenüber insgesamt drei Personen (einem Ehegatten und zwei Kindern) unterhaltspflichtig ist und ebenfalls im Beitrittsteil wohnt.

Die Prozentsätze Ost ab Gruppe b) sind gemäß § 1612 a Abs. 2 S. 1 BGB zu errechnen (zum Beispiel 194 Euro: 186 Euro = 104,3 %). Die 135-Prozent-Grenze Ost für die Kindergeldanrechnung nach § 1612 b Abs. 5 BGB beträgt in den drei Altersstufen 252 Euro beziehungsweise 306 Euro beziehungsweise 361 Euro. Die 150-Prozent-Grenze Ost für das Vereinfachte Verfahren (§ 645

Abs. 1 ZPO) beläuft sich in den drei Altersstufen auf 279 Euro beziehungsweise 339 Euro beziehungsweise 401 Euro.

Der Unterhaltsrichtsatz einer höheren Altersstufe ist ab dem Beginn des Monats maßgebend, in den der 6. beziehungsweise 12. beziehungsweise 18. Geburtstag fällt.

Das Kammergericht wendet nunmehr für alle im Elternhaushalt lebenden volljährigen Kinder, auch für die Schüler im Sinne von § 1603 Abs. 2 S. 2 BGB, die 4. Altersstufe an. Die Bedarfsbeträge der Gruppen a) und b) sowie 1 bis 3 der 4. Altersstufe sind veranlasst durch das Urteil des BGH vom 17. Januar 2007 – XII ZR 166/04 – (FamRZ 2007, Seite 542, 545) zur Sicherung des Existenzminimums für volljährige Kinder.

Altersstufen in Jahren (§ 1612a, Abs. 3 BGB)		0–5 (Geburt bis 6. Geburtstag)	6–11 (6. bis 12. Geburtstag)	12–17 (12. bis 18. Geburtstag)	ab 18 (wenn im Elternhaus lebend)	Prozentsatz Ost der Regelbeträge	Prozentsatz West der Regelbeträge
Nettoeinkommen des Barunterhaltspflichtigen		Alle Beträge in Euro					
Gruppe							
a)	bis 1000	186	226	267	361	100	
b)	1000–1150	194	236	278	361		
	ab 1150	Tabelle (aber ohne Bedarfskontrollbetrag)					
Gruppe							
1	bis 1300	202	245	288	389	100	
2	1300–1500	217	263	309	389	107	
3	1500–1700	231	280	329	389	114	
4	1700–1900	245	297	349	401	121	
5	1900–2100	259	314	369	424	128	
6	2100–2300	273	331	389	447	135	
7	2300–2500	287	348	409	471	142	
8	2500–2800	303	368	432	497	150	
9	2800–3200	324	392	461	530	160	
10	3200–3600	344	417	490	563	170	
11	3600–4000	364	441	519	596	180	
12	4000–4400	384	466	548	629	190	
13	4400–4800	404	490	576	662	200	
	über 4800	nach den Umständen des Falls					

Anmerkungen zur Berliner Tabelle

I.	Der notwendige monatliche Selbstbehalt des Unterhaltspflichtigen beträgt gegenüber minderjährigen Kindern und volljährigen Kindern bis zum 21. Geburtstag, solange sie im Elternhaushalt leben und sich in der allgemeinen Schulausbildung befinden	
	1. wenn der Unterhaltspflichtige erwerbstätig ist:	900 €
	2. wenn der Unterhaltspflichtige nicht erwerbstätig ist:	770 €
II.	Der angemessene monatliche Selbstbehalt des Unterhaltspflichtigen beträgt gegenüber anderen volljährigen Kindern:	1 100 €
III.	Der angemessene monatliche Selbstbehalt des Unterhaltspflichtigen beträgt gegenüber dem getrennt lebenden und dem geschiedenen Ehegatten, unabhängig davon, ob erwerbstätig oder nicht:	1 000 €
IV.	Der angemessene Bedarf (samt Warmmiete von 270 Euro und üblicher berufsbedingter Aufwendungen, aber ohne Beiträge zur Kranken- und Pflegeversicherung und ohne Studiengebühren) eines volljährigen Kindes, welches nicht im Elternhaushalt wohnt, beträgt in der Regel monatlich:	640 €
V.	Der angemessene Selbstbehalt des Unterhaltspflichtigen gegenüber seinen Eltern und gegenüber Enkeln beträgt mindestens monatlich (zuzüglich der Hälfte des darüber hinausgehenden Einkommens):	1 400 €
VI.	Der angemessene Selbstbehalt des Unterhaltspflichtigen gegenüber der Mutter oder dem Vater (§ 1615 1 BGB) beträgt mindestens monatlich, unabhängig davon, ob erwerbstätig oder nicht:	1 000 €
	Der Bedarf der Mutter beziehungsweise des Vaters eines nichtehelichen Kindes (§ 1615 1 BGB) beträgt in der Regel mindestens monatlich:	770 €
VII.	Der Einsatzbetrag im Mangelfall beträgt bei dem mit dem Unterhaltspflichtigen zusammenlebenden Ehegatten gegenüber den in Anmerkung I genannten Kindern	
	1. bei Erwerbstätigkeit des Ehegatten:	650 €
	2. bei Nichterwerbstätigkeit des Ehegatten:	560 €
	und gegenüber nicht privilegierten Kindern:	800 €

Die Berliner Tabelle ist nur anzuwenden, wenn sowohl der Unterhaltsgläubiger als auch der Unterhaltsschuldner in Berlin wohnen.

Die in den Anmerkungen genannten Selbstbehalte und Bedarfssätze sind in ganz Berlin gleich hoch, da durch § 20 Abs. 2 SGB II für die alten Bundesländer einschließlich Berlin (Ost) inzwischen die gleichen Regelleistungen zur Sicherung des Lebensunterhalts festgesetzt worden sind. Wohnt der Unterhaltpflichtige außerhalb Berlins, ist auf den an seinem Wohnsitz geltenden abweichenden Selbstbehalt abzustellen. Für die im früheren Ostteil Berlins wohnenden Kinder gelten bis auf Weiteres die Regelbeträge Ost wie im sonstigen Beitrittsgebiet.

Bei volljährigen Kindern ist das Kindergeld in vollem Umfang auf den Unterhaltsbedarf anzurechnen. Bei minderjährigen Kindern erfolgt die grundsätzlich hälftige Anrechnung von Kindergeld auf den Tabellenunterhalt nur insoweit, als das hälftige Kindergeld zusammen mit dem geschuldeten Tabellenbedarfsbetrag der Düsseldorfer Tabelle (DT) beziehungsweise der Berliner Tabelle (BT) den jeweils geltenden 135-prozentigen Regelbetrag übersteigt (§ 1612 b Abs. 1 und 5 BGB). Der Kindergeldabzug kann mit folgender Formel berechnet werden:

Hälftiges Kindergeld (dieses beträgt nach dem Stand vom 1.1.2002 für das 1. bis 3. Kind 77 Euro, 89,50 Euro für das 4. und jedes weitere Kind)	+	Unterhalts-bedarfsbetrag	−	135-prozentiger Regelbetrag West beziehungsweise Ost (nach dem Wohnsitz des Kindes und seiner Altersstufe)
			=	anzurechnendes Kindergeld (bei einem Negativsaldo entfällt die Anrechnung)

Dadurch ergibt sich die folgende Kindergeldabzugstabelle (Tabellenbedarfsbetrag – Kindergeldabzug = Zahlbetrag) für das alte Bundesgebiet bis zur Gruppe 6 der DT (135-Prozent-Grenze West):

Kind	Gruppe der DT	1. Altersstufe	2. Altersstufe	3. Altersstufe
1. bis 3. Kind	1 [bis 1300]	202,00−6,00 = 196,00	245,00−0,00 = 245,00	288,00−0,00 = 288,00
ab 4. Kind	1 [bis 1300]	202,00−18,50 = 183,50	245,00−3,50 = 241,50	288,00−0,00 = 288,00
1. bis 3. Kind	2 [1300−1500]	217,00−21,00 = 196,00	263,00−9,00 = 254,00	309,00−0,00 = 309,00
ab 4. Kind	2 [1300−1500]	217,00−33,50 = 183,50	263,00−21,50 = 241,50	309,00−9,50 = 299,50
1. bis 3. Kind	3 [1500−1700]	231,00−35,00 = 196,00	280,00−26,00 = 254,00	329,00−17,00 = 312,00
ab 4. Kind	3 [1500−1700]	231,00−47,50 = 183,50	280,00−38,50 = 241,50	329,00−29,50 = 299,50
1. bis 3. Kind	4 [1700−1900]	245,00−49,00 = 196,00	297,00−43,00 = 254,00	349,00−37,00 = 312,00
ab 4. Kind	4 [1700−1900]	245,00−61,50 = 183,50	297,00−55,50 = 241,50	349,00−49,50 = 299,50
1. bis 3. Kind	5 [1900−2100]	259,00−63,00 = 196	314,00−60,00 = 254,00	369,00−57,00 = 312,00
ab 4. Kind	5 [1900−2100]	259,00−75,50 = 183,50	314,00−72,50 = 241,50	369,00−69,50 = 299,50
1. bis 3. Kind	6 [2100−2300]	273,00−77,00 = 196,00	331,00−77,00 = 254,00	389,00−77,00 = 312,00
ab 4. Kind	6 [2100−2300]	273,00−89,50 = 183,50	331,00−89,50 = 241,50	393,00−89,50 = 299,50

Nach der Formel ergibt sich für das Beitrittsgebiet bis zur 135-Prozent-Grenze Ost folgende Kindergeldabzugstabelle:

Kind	Gruppe der BT	1. Altersstufe	2. Altersstufe	3. Altersstufe
1. bis 3. Kind	a) [bis 1000]	186,00 − 11,00 = 175,00	226,00 − 0,00 = 226,00	267,00 − 0,00 = 267,00
ab 4. Kind	a) [bis 1000]	186,00 − 23,50 = 162,50	226,00 − 9,50 = 216,50	267,00 − 0,00 = 267,00
1. bis 3. Kind	b) [1000 − 1150]	194,00 − 19,00 = 175,00	236,00 − 7,00 = 229,00	278,00 − 0,00 = 278,00
ab 4. Kind	b) [1000 − 1150]	194,00 − 31,50 = 162,50	236,00 − 19,50 = 216,50	278,00 − 6,50 = 271,50
1. bis 3. Kind	1 [bis 1300]	202,00 − 27,00 = 175,00	245,00 − 16,00 = 229,00	288,00 − 4,00 = 284,00
ab 4. Kind	1 [bis 1300]	202,00 − 39,50 = 162,50	245,00 − 28,50 = 216,50	288,00 − 16,50 = 271,50
1. bis 3. Kind	2 [1300 − 1500]	217,00 − 42,00 = 175,00	263,00 − 34,00 = 229,00	309,00 − 25,00 = 284,00
ab 4. Kind	2 [1300 − 1500]	217,00 − 54,50 = 162,50	263,00 − 46,50 = 216,50	309,00 − 37,50 = 271,50
1. bis 3. Kind	3 [1500 − 1700]	231,00 − 56,00 = 175,00	280,00 − 51,00 = 229,00	329,00 − 45,00 = 284,00
ab 4. Kind	3 [1500 − 1700]	231,00 − 68,50 = 162,50	280,00 − 63,50 = 216,50	329,00 − 57,50 = 271,50
1. bis 3. Kind	4 [1700 − 1900]	245,00 − 70,00 = 175,00	297,00 − 68,00 = 229,00	349,00 − 66,00 = 284,00
ab 4. Kind	4 [1700 − 1900]	245,00 − 82,50 = 162,50	297,00 − 80,50 = 216,50	349,00 − 77,50 = 271,50
1. bis 3. Kind	135 % Grenze Ost	252,00 − 77,00 = 175,00	306,00 − 77,00 = 229,00	361,00 − 77,00 = 284,00
ab 4. Kind	135 % Grenze Ost	252,00 − 89,50 = 162,50	306,00 − 89,50 = 216,50	361,00 − 89,50 = 271,50

Verfasst in Abstimmung mit der Unterhaltskommission des DFGT und mit dem Kammergericht und mitgeteilt von RJAG Rudolf Vossenkämper, Berlin

Die Bremer Tabelle

Stand 1.1.2007 Beitragssatz: 19,9%, Quote 3/7

1 Einkommen bzw. Einkommens- differenz	2 3/7-Quote (Basisbetrag)	3 Altersvorsorge- unterhalt	4 endgültiger Elementar- unterhalt
100	43	10	39
200	86	20	77
300	129	29	116
400	171	39	155
500	214	49	193
600	257	58	232
700	300	68	271
800	343	78	309
900	386	88	348
1000	429	97	387
1100	471	107	426
1200	514	117	464
1300	557	126	503
1400	600	136	542
1500	643	146	580
1600	686	156	619
1700	729	165	658
1800	771	175	696
1900	814	185	735
2000	857	196	773
2100	900	208	811
2200	943	219	849
2300	986	233	886
2400	1029	246	923
2500	1071	258	961
2600	1114	273	997
2700	1157	288	1034

1 Einkommen bzw. Einkommens- differenz	2 3/7-Quote (Basisbetrag)	3 Altersvorsorge- unterhalt	4 endgültiger Elementar- unterhalt
2 800	1 200	303	1 070
2 900	1 243	317	1 107
3 000	1 286	333	1 143
3 100	1 329	346	1 180
3 200	1 371	360	1 217
3 300	1 414	374	1 254
3 400	1 457	388	1 291
3 500	1 500	403	1 327
3 600	1 543	418	1 364
3 700	1 586	432	1 401
3 800	1 629	447	1 437
3 900	1 671	459	1 475
4 000	1 714	474	1 511
4 100	1 757	490	1 547
4 200	1 800	505	1 584
4 300	1 843	521	1 620
4 400	1 886	537	1 656
4 500	1 929	553	1 692
4 600	1 971	565	1 729
4 700	2 014	581	1 765
4 800	2 057	598	1 801
4 900	2 100	614	1 837
5 000	2 143	631	1 872
5 100	2 186	644	1 910
5 200	2 229	661	1 945
5 300	2 271	678	1 981
5 400	2 314	695	2 016
5 500	2 357	713	2 052
5 600	2 400	726	2 089
5 700	2 443	744	2 124
5 800	2 486	762	2 159

1 Einkommen bzw. Einkommens- differenz	2 3/7-Quote (Basisbetrag)	3 Altersvorsorge- unterhalt	4 endgültiger Elementar- unterhalt
5 900	2 529	780	2 194
6 000	2 571	798	2 229
6 100	2 614	817	2 264
6 200	2 657	830	2 301
6 300	2 700	849	2 336
6 400	2 743	868	2 371
6 500	2 786	887	2 406
6 600	2 829	906	2 440
6 700	2 871	926	2 475
6 800	2 914	945	2 509
6 900	2 957	965	2 544
7 000	3 000	979	2 580
7 100	3 043	999	2 615
7 200	3 086	1 019	2 649
7 300	3 129	1 040	2 683
7 400	3 171	1 054	2 720
7 500	3 214	1 068	2 757
7 600	3 257	1 089	2 790
7 700	3 300	1 103	2 827
7 800	3 343	1 118	2 864
7 900	3 386	1 132	2 901
8 000	3 429	1 146	2 937
8 100	3 471	1 160	2 974
8 200	3 514	1 175	3 011
8 300	3 557	1 196	3 045
8 400	3 600	1 211	3 081
8 500	3 643	1 225	3 118
8 600	3 686	1 240	3 154
8 700	3 729	1 254	3 191
8 800	3 771	1 268	3 228
8 900	3 814	1 283	3 264

1 Einkommen bzw. Einkommens- differenz	2 3/7-Quote (Basisbetrag)	3 Altersvorsorge- unterhalt	4 endgültiger Elementar- unterhalt
9 000	3 857	1 297	3 301
9 100	3 900	1 312	3 338
9 200	3 943	1 334	3 371
9 300	3 986	1 348	3 408
9 400	4 029	1 363	3 444
9 500	4 071	1 377	3 481
9 600	4 114	1 392	3 518
9 700	4 157	1 406	3 555
9 800	4 200	1 421	3 591
9 900	4 243	1 435	3 628

Stand 1. 1. 2007 Beitragssatz: 19,9 %, Quote 45 %
(Berechnung nach Süddeutschen Leitlinien)

1 Einkommen bzw. Einkommens- differenz	2 45 %-Quote (Basisbetrag)	3 Altersvorsorge- unterhalt	4 endgültiger Elementar- unterhalt
100	45	10	41
200	90	20	81
300	135	31	121
400	180	41	162
500	225	51	202
600	270	61	243
700	315	71	283
800	360	82	323
900	405	92	364
1 000	450	102	404
1 100	495	112	445
1 200	540	123	485
1 300	585	133	525

1 Einkommen bzw. Einkommens- differenz	2 45%-Quote (Basisbetrag)	3 Altersvorsorge- unterhalt	4 endgültiger Elementar- unterhalt
1400	630	143	566
1500	675	153	606
1600	720	163	647
1700	765	174	687
1800	810	184	727
1900	855	196	767
2000	900	208	806
2100	945	220	846
2200	990	234	885
2300	1035	247	924
2400	1080	260	963
2500	1125	275	1001
2600	1170	293	1038
2700	1215	307	1077
2800	1260	323	1115
2900	1305	338	1153
3000	1350	352	1192
3100	1395	366	1230
3200	1440	381	1269
3300	1485	396	1307
3400	1530	411	1345
3500	1575	426	1383
3600	1620	442	1421
3700	1665	457	1459
3800	1710	473	1497
3900	1755	489	1535
4000	1800	505	1573
4100	1845	521	1611
4200	1890	538	1648
4300	1935	554	1686
4400	1980	567	1725

1 Einkommen bzw. Einkommens- differenz	2 45 %-Quote (Basisbetrag)	3 Altersvorsorge- unterhalt	4 endgültiger Elementar- unterhalt
4 500	2 025	584	1 762
4 600	2 070	601	1 800
4 700	2 115	619	1 836
4 800	2 160	636	1 874
4 900	2 205	654	1 911
5 000	2 250	672	1 948
5 100	2 295	685	1 987
5 200	2 340	703	2 024
5 300	2 385	721	2 061
5 400	2 430	740	2 097
5 500	2 475	759	2 133
5 600	2 520	777	2 170
5 700	2 565	796	2 207
5 800	2 610	810	2 246
5 900	2 655	829	2 282
6 000	2 700	849	2 318
6 100	2 745	869	2 354
6 200	2 790	888	2 390
6 300	2 835	908	2 426
6 400	2 880	929	2 462
6 500	2 925	949	2 498
6 600	2 970	969	2 534
6 700	3 015	990	2 570
6 800	3 060	1 011	2 605
6 900	3 105	1 026	2 643
7 000	3 150	1 047	2 679
7 100	3 195	1 062	2 717
7 200	3 240	1 077	2 755
7 300	3 285	1 098	2 791
7 400	3 330	1 113	2 829
7 500	3 375	1 128	2 867

1 Einkommen bzw. Einkommens- differenz	2 45%-Quote (Basisbetrag)	3 Altersvorsorge- unterhalt	4 endgültiger Elementar- unterhalt
7 600	3 420	1 143	2 906
7 700	3 465	1 158	2 944
7 800	3 510	1 174	2 982
7 900	3 555	1 196	3 017
8 000	3 600	1 211	3 055
8 100	3 645	1 226	3 093
8 200	3 690	1 241	3 132
8 300	3 735	1 256	3 170
8 400	3 780	1 271	3 208
8 500	3 825	1 286	3 246
8 600	3 870	1 301	3 285
8 700	3 915	1 325	3 319
8 800	3 960	1 340	3 357
8 900	4 005	1 355	3 395
9 000	4 050	1 370	3 434
9 100	4 095	1 385	3 472
9 200	4 140	1 401	3 510
9 300	4 185	1 416	3 548
9 400	4 230	1 431	3 586
9 500	4 275	1 446	3 624
9 600	4 320	1 461	3 663
9 700	4 365	1 485	3 697
9 800	4 410	1 501	3 735
9 900	4 455	1 516	3 773

Gerichtsgebührentabelle

Streitwert bis Euro	Gebühr in Euro	Streitwert bis Euro	Gebühr in Euro
300	25	40 000	398
600	35	45 000	427
900	45	50 000	456
1 200	55	65 000	556
1 500	65	80 000	656
2 000	73	95 000	756
2 500	81	110 000	856
3 000	89	125 000	956
3 500	97	140 000	1 056
4 000	105	155 000	1 156
4 500	113	170 000	1 256
5 000	121	185 000	1 356
6 000	136	200 000	1 456
7 000	151	230 000	1 606
8 000	166	260 000	1 756
9 000	181	290 000	1 906
10 000	196	320 000	2 056
13 000	219	350 000	2 206
16 000	242	380 000	2 356
19 000	265	410 000	2 506
22 000	288	440 000	2 656
25 000	311	470 000	2 806
30 000	340	500 000	2 956
35 000	369	etc.	

Rechtsanwaltsgebührentabelle (0,3 – 0,8)

Gegen-standswert	0,3	0,4	0,5	0,55	0,75	0,8
300	10,00	10,00	12,50	13,75	18,75	20,00
600	13,50	18,00	22,50	24,75	33,75	36,00
900	19,50	26,00	32,50	35,75	48,75	52,00
1200	25,50	34,00	42,50	46,75	63,75	68,00
1500	31,50	42,00	52,50	57,75	78,75	84,00
2000	39,90	53,20	66,50	73,15	99,75	106,40
2500	48,30	64,40	80,50	88,55	120,75	128,80
3000	56,70	75,60	94,50	103,95	141,75	151,20
3500	65,10	86,80	108,50	119,35	162,75	173,60
4000	73,50	98,00	122,50	134,75	183,75	196,00
4500	81,90	109,20	136,50	150,15	204,75	218,40
5000	90,30	120,40	150,50	165,55	225,75	240,80
6000	101,40	135,20	169,00	185,90	253,50	270,40
7000	112,50	150,00	187,50	206,25	281,25	300,00
8000	123,60	164,80	206,00	226,60	309,00	329,60
9000	134,70	179,60	224,50	246,95	336,75	359,20
10000	145,80	194,40	243,00	267,30	364,50	388,80
13000	157,80	210,40	263,00	289,30	394,50	420,80
16000	169,80	226,40	283,00	311,30	424,50	452,80
19000	181,80	242,40	303,00	333,30	454,50	484,80
22000	193,80	258,40	323,00	355,30	484,50	516,80
25000	205,80	274,40	343,00	377,30	514,50	548,80
30000	227,40	303,20	379,00	416,90	568,50	606,40
35000	249,00	332,00	415,00	456,50	622,50	664,00
40000	270,60	360,80	451,00	496,10	676,50	721,60
45000	292,20	389,60	487,00	535,70	730,50	779,20
50000	313,80	418,40	523,00	575,30	784,50	836,80
65000	336,90	449,20	561,50	617,65	842,25	898,40
80000	360,00	480,00	600,00	660,00	900,00	960,00
95000	383,10	510,80	638,50	702,35	957,75	1021,60
110000	406,20	541,60	677,00	744,70	1015,50	1083,20

Gegen-standswert	0,3	0,4	0,5	0,55	0,75	0,8
125 000	429,30	572,40	715,50	787,05	1 073,25	1 144,80
140 000	452,40	603,20	754,00	829,40	1 131,00	1 206,40
155 000	475,50	634,00	792,50	871,75	1 188,75	1 268,00
170 000	498,60	664,80	831,00	914,10	1 246,50	1 329,60
185 000	521,70	695,60	869,50	956,45	1 304,25	1 391,20
200 000	544,80	726,40	908,00	998,80	1 362,00	1 452,80
230 000	580,20	773,60	967,00	1 063,70	1 450,50	1 547,20
260 000	615,60	820,80	1 026,00	1 128,60	1 539,00	1 641,60
290 000	651,00	868,00	1 085,00	1 193,50	1 627,50	1 736,00
320 000	686,40	915,20	1 144,00	1 258,40	1 716,00	1 830,40
350 000	721,80	962,40	1 203,00	1 323,30	1 804,50	1 924,80
380 000	757,20	1 009,60	1 262,00	1 388,20	1 893,00	2 019,20
410 000	792,60	1 056,80	1 321,00	1 453,10	1 981,50	2 113,60
440 000	828,00	1 104,00	1 380,00	1 518,00	2 070,00	2 208,00
470 000	863,40	1 151,20	1 439,00	1 582,90	2 158,50	2 302,40
500 000	898,80	1 198,40	1 498,00	1 647,80	2 247,00	2 396,80
550 000	943,80	1 258,40	1 573,00	1 730,30	2 359,50	2 516,80
600 000	988,80	1 318,40	1 648,00	1 812,80	2 472,00	2 636,80
650 000	1 033,80	1 378,40	1 723,00	1 895,30	2 584,50	2 756,80
700 000	1 078,80	1 438,40	1 798,00	1 977,80	2 697,00	2 876,80
750 000	1 123,80	1 498,40	1 873,00	2 060,30	2 809,50	2 996,80
800 000	1 168,80	1 558,40	1 948,00	2 142,80	2 922,00	3 116,80
850 000	1 213,80	1 618,40	2 023,00	2 225,30	3 034,50	3 236,80
900 000	1 258,80	1 678,40	2 098,00	2 307,80	3 147,00	3 356,80
950 000	1 303,80	1 738,40	2 173,00	2 390,30	3 259,50	3 476,80
1 000 000	1 348,80	1 798,40	2 248,00	2 472,80	3 372,00	3 596,80
1 050 000	1 393,80	1 858,40	2 323,00	2 555,30	3 484,50	3 716,80
1 100 000	1 438,80	1 918,40	2 398,00	2 637,80	3 597,00	3 836,80
1 150 000	1 483,80	1 978,40	2 473,00	2 720,30	3 709,50	3 956,80
1 200 000	1 528,80	2 038,40	2 548,00	2 802,80	3 822,00	4 076,80
1 250 000	1 573,80	2 098,40	2 623,00	2 885,30	3 934,50	4 196,80
1 300 000	1 618,80	2 158,40	2 698,00	2 967,80	4 047,00	4 316,80
1 350 000	1 663,80	2 218,40	2 773,00	3 050,30	4 159,50	4 436,80

Gegen-standswert	0,3	0,4	0,5	0,55	0,75	0,8
1 400 000	1 708,80	2 278,40	2 848,00	3 132,80	4 272,00	4 556,80
1 450 000	1 753,80	2 338,40	2 923,00	3 215,30	4 384,50	4 676,80
1 500 000	1 798,80	2 398,40	2 998,00	3 297,80	4 497,00	4 796,80
1 550 000	1 843,80	2 458,40	3 073,00	3 380,30	4 609,50	4 916,80
1 600 000	1 888,80	2 518,40	3 148,00	3 462,80	4 722,00	5 036,80
1 650 000	1 933,80	2 578,40	3 223,00	3 545,30	4 834,50	5 156,80
1 700 000	1 978,80	2 638,40	3 298,00	3 627,80	4 947,00	5 276,80
1 750 000	2 023,80	2 698,40	3 373,00	3 710,30	5 059,50	5 396,80
1 800 000	2 068,80	2 758,40	3 448,00	3 792,80	5 172,00	5 516,80
1 850 000	2 113,80	2 818,40	3 523,00	3 875,30	5 284,50	5 636,80
1 900 000	2 158,80	2 878,40	3 598,00	3 957,80	5 397,00	5 756,80
1 950 000	2 203,80	2 938,40	3 673,00	4 040,30	5 509,50	5 876,80
2 000 000	2 248,80	2 998,40	3 748,00	4 122,80	5 622,00	5 996,80
2 050 000	2 293,80	3 058,40	3 823,00	4 205,30	5 734,50	6 116,80
2 100 000	2 338,80	3 118,40	3 898,00	4 287,80	5 847,00	6 236,80
2 150 000	2 383,80	3 178,40	3 973,00	4 370,30	5 959,50	6 356,80
2 200 000	2 428,80	3 238,40	4 048,00	4 452,80	6 072,00	6 476,80
2 250 000	2 473,80	3 298,40	4 123,00	4 535,30	6 184,50	6 596,80
2 300 000	2 518,80	3 358,40	4 198,00	4 617,80	6 297,00	6 716,80
2 350 000	2 563,80	3 418,40	4 273,00	4 700,30	6 409,50	6 836,80
2 400 000	2 608,80	3 478,40	4 348,00	4 782,80	6 522,00	6 956,80
2 450 000	2 653,80	3 538,40	4 423,00	4 865,30	6 634,50	7 076,80
2 500 000	2 698,80	3 598,40	4 498,00	4 947,80	6 747,00	7 196,80

Rechtsanwaltsgebührentabelle (1,0 – 1,6)

Gegen-standswert	1,0	1,1	1,2	1,3	1,5	1,6
300	25,00	27,50	30,00	32,50	37,50	40,00
600	45,00	49,50	54,00	58,50	67,50	72,00
900	65,00	71,50	78,00	84,50	97,50	104,00
1 200	85,00	93,50	102,00	110,50	127,50	136,00
1 500	105,00	115,50	126,00	136,50	157,50	168,00
2 000	133,00	146,30	159,60	172,90	199,50	212,80
2 500	161,00	177,10	193,20	209,30	241,50	257,60
3 000	189,00	207,90	226,80	245,70	283,50	302,40
3 500	217,00	238,70	260,40	282,10	325,50	347,20
4 000	245,00	269,50	294,00	318,50	367,50	392,00
4 500	273,00	300,30	327,60	354,90	409,50	436,80
5 000	301,00	331,10	361,20	391,30	451,50	481,60
6 000	338,00	371,80	405,60	439,40	507,00	540,80
7 000	375,00	412,50	450,00	487,50	562,50	600,00
8 000	412,00	453,20	494,40	535,60	618,00	659,20
9 000	449,00	493,90	538,80	583,70	673,50	718,40
10 000	486,00	534,60	583,20	631,80	729,00	777,60
13 000	526,00	578,60	631,20	683,80	789,00	841,60
16 000	566,00	622,60	679,20	735,80	849,00	905,60
19 000	606,00	666,60	727,20	787,80	909,00	969,60
22 000	646,00	710,60	775,20	839,80	969,00	1 033,60
25 000	686,00	754,60	823,20	891,80	1 029,00	1 097,60
30 000	758,00	833,80	909,60	985,40	1 137,00	1 212,80
35 000	830,00	913,00	996,00	1 079,00	1 245,00	1 328,00
40 000	902,00	992,20	1 082,40	1 172,60	1 353,00	1 443,20
45 000	974,00	1 071,40	1 168,80	1 266,20	1 461,00	1 558,40
50 000	1 046,00	1 150,60	1 255,20	1 359,80	1 569,00	1 673,60
65 000	1 123,00	1 235,30	1 347,60	1 459,90	1 684,50	1 796,80
80 000	1 200,00	1 320,00	1 440,00	1 560,00	1 800,00	1 920,00
95 000	1 277,00	1 404,70	1 532,40	1 660,10	1 915,50	2 043,20
110 000	1 354,00	1 489,40	1 624,80	1 760,20	2 031,00	2 166,40

Gegen-standswert	1,0	1,1	1,2	1,3	1,5	1,6
125 000	1 431,00	1 574,10	1 717,20	1 860,30	2 146,50	2 289,60
140 000	1 508,00	1 658,80	1 809,60	1 960,40	2 262,00	2 412,80
155 000	1 585,00	1 743,50	1 902,00	2 060,50	2 377,50	2 536,00
170 000	1 662,00	1 828,20	1 994,40	2 160,60	2 493,00	2 659,20
185 000	1 739,00	1 912,90	2 086,80	2 260,70	2 608,50	2 782,40
200 000	1 816,00	1 997,60	2 179,20	2 360,80	2 724,00	2 905,60
230 000	1 934,00	2 127,40	2 320,80	2 514,20	2 901,00	3 094,40
260 000	2 052,00	2 257,20	2 462,40	2 667,60	3 078,00	3 283,20
290 000	2 170,00	2 387,00	2 604,00	2 821,00	3 255,00	3 472,00
320 000	2 288,00	2 516,80	2 745,60	2 974,40	3 432,00	3 660,80
350 000	2 406,00	2 646,60	2 887,20	3 127,80	3 609,00	3 849,60
380 000	2 524,00	2 776,40	3 028,80	3 281,20	3 786,00	4 038,40
410 000	2 642,00	2 906,20	3 170,40	3 434,60	3 963,00	4 227,20
440 000	2 760,00	3 036,00	3 312,00	3 588,00	4 140,00	4 416,00
470 000	2 878,00	3 165,80	3 453,60	3 741,40	4 317,00	4 604,80
500 000	2 996,00	3 295,60	3 595,20	3 894,80	4 494,00	4 793,60
550 000	3 146,00	3 460,60	3 775,20	4 089,80	4 719,00	5 033,60
600 000	3 296,00	3 625,60	3 955,20	4 284,80	4 944,00	5 273,60
650 000	3 446,00	3 790,60	4 135,20	4 479,80	5 169,00	5 513,60
700 000	3 596,00	3 955,60	4 315,20	4 674,80	5 394,00	5 753,60
750 000	3 746,00	4 120,60	4 495,20	4 869,80	5 619,00	5 993,60
800 000	3 896,00	4 285,60	4 675,20	5 064,80	5 844,00	6 233,60
850 000	4 046,00	4 450,60	4 855,20	5 259,80	6 069,00	6 473,60
900 000	4 196,00	4 615,60	5 035,20	5 454,80	6 294,00	6 713,60
950 000	4 346,00	4 780,60	5 215,20	5 649,80	6 519,00	6 953,60
1 000 000	4 496,00	4 945,60	5 395,20	5 844,80	6 744,00	7 193,60
1 050 000	4 646,00	5 110,60	5 575,20	6 039,80	6 969,00	7 433,60
1 100 000	4 796,00	5 275,60	5 755,20	6 234,80	7 194,00	7 673,60
1 150 000	4 946,00	5 440,60	5 935,20	6 429,80	7 419,00	7 913,60
1 200 000	5 096,00	5 605,60	6 115,20	6 624,80	7 644,00	8 153,60
1 250 000	5 246,00	5 770,60	6 295,20	6 819,80	7 869,00	8 393,60
1 300 000	5 396,00	5 935,60	6 475,20	7 014,80	8 094,00	8 633,60
1 350 000	5 546,00	6 100,60	6 655,20	7 209,80	8 319,00	8 873,60

Gegen-standswert	1,0	1,1	1,2	1,3	1,5	1,6
1 400 000	5 696,00	6 265,60	6 835,20	7 404,80	8 544,00	9 113,60
1 450 000	5 846,00	6 430,60	7 015,20	7 599,80	8 769,00	9 353,60
1 500 000	5 996,00	6 595,60	7 195,20	7 794,80	8 994,00	9 593,60
1 550 000	6 146,00	6 760,60	7 375,20	7 989,80	9 219,00	9 833,60
1 600 000	6 296,00	6 925,60	7 555,20	8 184,80	9 444,00	10 073,60
1 650 000	6 446,00	7 090,60	7 735,20	8 379,80	9 669,00	10 313,60
1 700 000	6 596,00	7 255,60	7 915,20	8 574,80	9 894,00	10 553,60
1 750 000	6 746,00	7 420,60	8 095,20	8 769,80	10 119,00	10 793,60
1 800 000	6 896,00	7 585,60	8 275,20	8 964,80	10 344,00	11 033,60
1 850 000	7 046,00	7 750,60	8 455,20	9 159,80	10 569,00	11 273,60
1 900 000	7 196,00	7 915,60	8 635,20	9 354,80	10 794,00	11 513,60
1 950 000	7 346,00	8 080,60	8 815,20	9 549,80	11 019,00	11 753,60
2 000 000	7 496,00	8 245,60	8 995,20	9 744,80	11 244,00	11 993,60
2 050 000	7 646,00	8 410,60	9 175,20	9 939,80	11 469,00	12 233,60
2 100 000	7 796,00	8 575,60	9 355,20	10 134,80	11 694,00	12 473,60
2 150 000	7 946,00	8 740,60	9 535,20	10 329,80	11 919,00	12 713,60
2 200 000	8 096,00	8 905,60	9 715,20	10 524,80	12 144,00	12 953,60
2 250 000	8 246,00	9 070,60	9 895,20	10 719,80	12 369,00	13 193,60
2 300 000	8 396,00	9 235,60	10 075,20	10 914,80	12 594,00	13 433,60
2 350 000	8 546,00	9 400,60	10 255,20	11 109,80	12 819,00	13 673,60
2 400 000	8 696,00	9 565,60	10 435,20	11 304,80	13 044,00	13 913,60
2 450 000	8 846,00	9 730,60	10 615,20	11 499,80	13 269,00	14 153,60
2 500 000	8 996,00	9 895,60	10 795,20	11 694,80	13 494,00	14 393,60

Rechtsanwaltsgebührentabelle (1,8 – 3,0)

Gegen-standswert	1,8	2,3	2,5	2,8	3,0
300	45,00	57,50	62,50	70,00	75,00
600	81,00	103,50	112,50	126,00	135,00
900	117,00	149,50	162,50	182,00	195,00
1 200	153,00	195,50	212,50	238,00	255,00
1 500	189,00	241,50	262,50	294,00	315,00
2 000	239,40	305,90	332,50	372,40	399,00
2 500	289,80	370,30	402,50	450,80	483,00
3 000	340,20	434,70	472,50	529,20	567,00
3 500	390,60	499,10	542,50	607,60	651,00
4 000	441,00	563,50	612,50	686,00	735,00
4 500	491,40	627,90	682,50	764,40	819,00
5 000	541,80	692,30	752,50	842,80	903,00
6 000	608,40	777,40	845,00	946,40	1 014,00
7 000	675,00	862,50	937,50	1 050,00	1 125,00
8 000	741,60	947,60	1 030,00	1 153,60	1 236,00
9 000	808,20	1 032,70	1 122,50	1 257,20	1 347,00
10 000	874,80	1 117,80	1 215,00	1 360,80	1 458,00
13 000	946,80	1 209,80	1 315,00	1 472,80	1 578,00
16 000	1 018,80	1 301,80	1 415,00	1 584,80	1 698,00
19 000	1 090,80	1 393,80	1 515,00	1 696,80	1 818,00
22 000	1 162,80	1 485,80	1 615,00	1 808,80	1 938,00
25 000	1 234,80	1 577,80	1 715,00	1 920,80	2 058,00
30 000	1 364,40	1 743,40	1 895,00	2 122,40	2 274,00
35 000	1 494,00	1 909,00	2 075,00	2 324,00	2 490,00
40 000	1 623,60	2 074,60	2 255,00	2 525,60	2 706,00
45 000	1 753,20	2 240,20	2 435,00	2 727,20	2 922,00
50 000	1 882,80	2 405,80	2 615,00	2 928,80	3 138,00
65 000	2 021,40	2 582,90	2 807,50	3 144,40	3 369,00
80 000	2 160,00	2 760,00	3 000,00	3 360,00	3 600,00
95 000	2 298,60	2 937,10	3 192,50	3 575,60	3 831,00
110 000	2 437,20	3 114,20	3 385,00	3 791,20	4 062,00

Gegen-standswert	1,8	2,3	2,5	2,8	3,0
125 000	2 575,80	3 291,30	3 577,50	4 006,80	4 293,00
140 000	2 714,40	3 468,40	3 770,00	4 222,40	4 524,00
155 000	2 853,00	3 645,50	3 962,50	4 438,00	4 755,00
170 000	2 991,60	3 822,60	4 155,00	4 653,60	4 986,00
185 000	3 130,20	3 999,70	4 347,50	4 869,20	5 217,00
200 000	3 268,80	4 176,80	4 540,00	5 084,80	5 448,00
230 000	3 481,20	4 448,20	4 835,00	5 415,20	5 802,00
260 000	3 693,60	4 719,60	5 130,00	5 745,60	6 156,00
290 000	3 906,00	4 991,00	5 425,00	6 076,00	6 510,00
320 000	4 118,40	5 262,40	5 720,00	6 406,40	6 864,00
350 000	4 330,80	5 533,80	6 015,00	6 736,80	7 218,00
380 000	4 543,20	5 805,20	6 310,00	7 067,20	7 572,00
410 000	4 755,60	6 076,60	6 605,00	7 397,60	7 926,00
440 000	4 968,00	6 348,00	6 900,00	7 728,00	8 280,00
470 000	5 180,40	6 619,40	7 195,00	8 058,40	8 634,00
500 000	5 392,80	6 890,80	7 490,00	8 388,80	8 988,00
550 000	5 662,80	7 235,80	7 865,00	8 808,80	9 438,00
600 000	5 932,80	7 580,80	8 240,00	9 228,80	9 888,00
650 000	6 202,80	7 925,80	8 615,00	9 648,80	10 338,00
700 000	6 472,80	8 270,80	8 990,00	10 068,80	10 788,00
750 000	6 742,80	8 615,80	9 365,00	10 488,80	11 238,00
800 000	7 012,80	8 960,80	9 740,00	10 908,80	11 688,00
850 000	7 282,80	9 305,80	10 115,00	11 328,80	12 138,00
900 000	7 552,80	9 650,80	10 490,00	11 748,80	12 588,00
950 000	7 822,80	9 995,80	10 865,00	12 168,80	13 038,00
1 000 000	8 092,80	10 340,80	11 240,00	12 588,80	13 488,00
1 050 000	8 362,80	10 685,80	11 615,00	13 008,80	13 938,00
1 100 000	8 632,80	11 030,80	11 990,00	13 428,80	14 388,00
1 150 000	8 902,80	11 375,80	12 365,00	13 848,80	14 838,00
1 200 000	9 172,80	11 720,80	12 740,00	14 268,80	15 288,00
1 250 000	9 442,80	12 065,80	13 115,00	14 688,80	15 738,00
1 300 000	9 712,80	12 410,80	13 490,00	15 108,80	16 188,00
1 350 000	9 982,80	12 755,80	13 865,00	15 528,80	16 638,00

Gegen-standswert	1,8	2,3	2,5	2,8	3,0
1 400 000	10 252,80	13 100,80	14 240,00	15 948,80	17 088,00
1 450 000	10 522,80	13 445,80	14 615,00	16 368,80	17 538,00
1 500 000	10 792,80	13 790,80	14 990,00	16 788,80	17 988,00
1 550 000	11 062,80	14 135,80	15 365,00	17 208,80	18 438,00
1 600 000	11 332,80	14 480,80	15 740,00	17 628,80	18 888,00
1 650 000	11 602,80	14 825,80	16 115,00	18 048,80	19 338,00
1 700 000	11 872,80	15 170,80	16 490,00	18 468,80	19 788,00
1 750 000	12 142,80	15 515,80	16 865,00	18 888,80	20 238,00
1 800 000	12 412,80	15 860,80	17 240,00	19 308,80	20 688,00
1 850 000	12 682,80	16 205,80	17 615,00	19 728,80	21 138,00
1 900 000	12 952,80	16 550,80	17 990,00	20 148,80	21 588,00
1 950 000	13 222,80	16 895,80	18 365,00	20 568,80	22 038,00
2 000 000	13 492,80	17 240,80	18 740,00	20 988,80	22 488,00
2 050 000	13 762,80	17 585,80	19 115,00	21 408,80	22 938,00
2 100 000	14 032,80	17 930,80	19 490,00	21 828,80	23 388,00
2 150 000	14 302,80	18 275,80	19 865,00	22 248,80	23 838,00
2 200 000	14 572,80	18 620,80	20 240,00	22 668,80	24 288,00
2 250 000	14 842,80	18 965,80	20 615,00	23 088,80	24 738,00
2 300 000	15 112,80	19 310,80	20 990,00	23 508,80	25 188,00
2 350 000	15 382,80	19 655,80	21 365,00	23 928,80	25 638,00
2 400 000	15 652,80	20 000,80	21 740,00	24 348,80	26 088,00
2 450 000	15 922,80	20 345,80	22 115,00	24 768,80	26 538,00
2 500 000	16 192,80	20 690,80	22 490,00	25 188,80	26 988,00

Antrag auf Beratungshilfe

Durch die Beratungshilfe soll Bürgern mit geringem Einkommen ermöglicht werden, sich beraten und vertreten zu lassen. Die Beratungshilfe ist Hilfe für die Wahrnehmung von Rechten außerhalb eines gerichtlichen Verfahrens und im obligatorischen Güteverfahren nach § 15a des Gesetzes betreffend die Einführung der Zivilprozessordnung. Sie wird für die meisten Rechtsgebiete gewährt. Genaueres teilen Ihnen das Amtsgericht oder Ihr Rechtsanwalt mit. Möchten Sie sich in einem gerichtlichen Verfahren vertreten lassen, so kommt die Prozesskostenhilfe in Betracht (siehe Seite 119f.).

Wird die Beratungshilfe durch den Rechtsanwalt gewährt, so haben Sie ihm eine Gebühr von 10 Euro zu zahlen, die dieser allerdings auch erlassen kann. Im Übrigen trägt die Kosten der Beratungshilfe das Land. Eine Vereinbarung über eine Vergütung im Bereich der Beratungshilfe wäre nichtig.

Wer erhält Beratungshilfe?

Beratungshilfe erhält, wer nach seinen persönlichen und wirtschaftlichen Verhältnissen die für eine Beratung oder Vertretung erforderlichen Mittel nicht aufbringen kann und keine anderen zumutbaren Möglichkeiten für eine Hilfe hat. Die beabsichtigte Wahrnehmung seiner Rechte darf nicht mutwillig sein. Sollten Sie anwaltliche Beratung bereits vor der Bewilligung von Beratungshilfe in Anspruch nehmen, so haben Sie – sofern Ihr Antrag später durch das Amtsgericht abgewiesen wird – selbst die gesetzlichen Gebühren an den beauftragten Rechtsanwalt zu bezahlen.

Wer gewährt Beratungshilfe?

Die Beratungshilfe erteilen die Rechtsanwälte, die, wenn nicht besondere Ausnahmen greifen, zur Beratungshilfe verpflichtet sind. Das Amtsgericht kann die Beratungshilfe gewähren, soweit dem Anliegen durch eine sofortige Auskunft, einen Hinweis auf andere Möglichkeiten der Hilfe oder die Aufnahme eines Antrags oder einer Erklärung entsprochen werden kann.

Wie beantragt man Beratungshilfe?

Erforderlich ist ein Antrag, der mündlich oder schriftlich gestellt werden kann. Sie können den Antrag beim zuständigen Amtsgericht stellen, oder Sie können unmittelbar einen Rechtsanwalt Ihrer Wahl mit der Bitte um Beratungshilfe aufsuchen. Dieser wird Ihren Antrag auf Bewilligung der Beratungshilfe an das Amtsgericht weiterleiten.

Liegen die Voraussetzungen für die Gewährung von Beratungshilfe vor, stellt das Amtsgericht, sofern es nicht selbst die Beratung vornimmt, Ihnen einen Berechtigungsschein aus. Gegen einen Beschluss des Amtsgerichts, durch den Ihr Antrag zurückgewiesen wird, ist der nicht befristete Rechtsbehelf der Erinnerung statthaft.

Die Beratungshilfe wird mit Mitteln bezahlt, die von allen Bürgern durch Steuern aufgebracht werden. Das Gericht muss deshalb sorgfältig prüfen, ob ein Anspruch auf Beratungshilfe besteht. Haben Sie daher bitte Verständnis dafür, dass Sie Ihre persönlichen und wirtschaftlichen Verhältnisse darlegen müssen. Lesen Sie das Antragsformular sorgfältig durch und füllen Sie es gewissenhaft aus. Sie finden auf den nächsten Seiten Hinweise, die Ihnen die Beantwortung der Fragen erleichtern sollen. Wenn Sie beim Ausfüllen Schwierigkeiten haben, wird Ihnen das Amtsgericht oder Ihr Rechtsanwalt behilflich sein.

Sollte der Raum im Antragsformular nicht ausreichen, können Sie Angaben auf einem gesonderten Blatt machen. Bitte weisen Sie in dem betreffenden Feld auf das beigefügte Blatt hin. Denken Sie bitte auch daran, die notwendigen Belege beizufügen. Das erübrigt Rückfragen, die das Verfahren verzögern. Bewusst unrichtige oder unvollständige Angaben können eine Strafverfolgung nach sich ziehen!

Ausfüllhinweise

A Geben Sie an, worüber Sie beraten werden wollen (kurze Angabe des Sachverhalts genügt). Nennen Sie gegebenenfalls den Namen und die Anschrift Ihres Gegners.

B Sollten Sie eine Rechtsschutzversicherung haben, prüfen Sie bitte zuerst, ob Ihre Versicherung die Kosten übernehmen muss. Fragen Sie im Zweifelsfall bei Ihrer Versicherung nach. Wenn Sie die kostenlose Beratung durch einen Verband, dessen Mitglied Sie sind, in Ihrem Fall nicht für ausreichend halten, begründen Sie dies kurz auf einem gesonderten Blatt.

C Anzugeben sind als Bruttoeinkommen Einkünfte jeder Art (Lohn, Gehalt, Renten, Einkünfte aus selbstständiger Arbeit, Vermietung, Verpachtung, Kapitalvermögen; ferner Kindergeld, Unterhaltsleistungen, Wohngeld, Arbeitslosengeld, Ausbildungsförderung). Nettoeinkommen ist der Betrag, der nach Abzug der auf die Einkünfte gezahlten Steuern, Beiträge zur Sozialversicherung, Beiträge zur Arbeitslosenversicherung, Beiträge zu sonstigen Versicherungen sowie der Werbungskosten zur Verfügung steht. Maßgebend ist in der Regel der letzte Monat vor der Antragstellung; bei Einkünften aus selbstständiger Arbeit sowie bei unregelmäßig anfallenden Einkünften ist ein Zwölftel der voraussichtlichen Jahreseinkünfte anzugeben. Fügen Sie bitte zur Glaubhaftmachung Ihrer Angaben Belege bei, zum Beispiel die aktuelle Lohn- oder Gehaltsabrechnung beziehungsweise bei Selbstständigen den letzten Steuerbescheid. Das Einkommen des Ehegatten oder Lebenspartners ist anzugeben, weil er unter Umständen als Unterhaltspflichtiger in wichtigen und dringenden Angelegenheiten für die Kosten der Inanspruchnahme eines Rechtsanwalts aufkommen muss.

D Die Kosten für Ihre Unterkunft (einschließlich Heizung) werden von Ihrem Einkommen abgezogen, sofern sie nicht nach den gegebenen Umständen als offensichtlich überhöht erscheinen. Bitte geben Sie daher die Wohnungsgröße und die monatlich insgesamt (also bei Miete einschließlich Heizungs- und Nebenkosten) anfallenden Wohnkosten an.

E Wenn Sie für Angehörige sorgen müssen, wird dies bei der Bewilligung der Beratungshilfe berücksichtigt. Deshalb liegt es in Ihrem Interesse, wenn Sie angeben, welchen Personen Sie Unterhalt gewähren und ob diese eigene Einkünfte haben.

F Vermögen sind Grundvermögen, Eigentumswohnungen, Ersparnisse jeder Art, Bausparguthaben, Wertpapiere und sonstige wertvolle Gegenstände. Beratungshilfe kann auch dann bewilligt werden, wenn zwar Vermögenswerte vorhanden sind, diese aber zur Sicherung einer angemessenen Lebensgrundlage (Ausbildung, Berufsausübung, Wohnung, Hausstand) oder einer angemessenen Vorsorge dienen. Derartige Vermögenswerte sind

- Gegenstände, die für die Berufsausbildung oder die Berufsausübung benötigt werden;
- ein eigengenutztes angemessenes Hausgrundstück (Familienheim); ein angemessener Hausrat;
- kleinere Barbeträge oder Geldwerte; Beträge bis insgesamt 2301 Euro für Sie persönlich zuzüglich 267 Euro für jede Person, der Sie Unterhalt gewähren, sind in der Regel als ein solcher kleinerer Barbetrag oder Geldwert anzusehen.

Sollte der Einsatz oder die Verwertung eines anderen Vermögensgegenstands für Sie und Ihre Familie eine Härte bedeuten, erläutern Sie dies bitte auf einem gesonderten Blatt.

G Wenn Sie eine besondere Belastung geltend machen, nennen Sie den Monatsbetrag oder die anteiligen Monatsbeträge, die von Ihren Einnahmen beziehungsweise den Einnahmen Ihrer Ehegattin/Ihres Ehegatten oder Lebenspartnerin/Lebenspartners abgesetzt werden sollen. Bitte fügen Sie außer den Belegen auf einem gesonderten Blatt eine Erläuterung bei. Eine Unterhaltsbelastung der Ehegattin/des Ehegatten oder der Lebenspartnerin/des Lebenspartners aus ihrer/seiner früheren Ehe oder Lebenspartnerschaft kann hier angeführt werden. Auch hohe Kreditraten können als besondere Belastung absetzbar sein.

Stempel des Rechtsanwalts

Geschäftsnummer des Amtsgerichts

Eingangsstempel des Amtsgerichts

An das
Amtsgericht

....

....

Die Beratungshilfe wird beantragt von (Name, Vorname, ggf. Geburtsname)	Beruf, Erwerbstätigkeit	Geburtsjahr	Familienstand
Anschrift (Straße, Hausnummer, Postleitzahl, Wohnort)	Tagsüber telefonisch erreichbar unter Nr.		

(A) Es wird Beratungshilfe in folgender Angelegenheit beantragt:

....

(B) Eine Rechtsschutzversicherung tritt für den vorliegenden Fall nicht ein.

Eine andere Möglichkeit, kostenlose Beratung und Vertretung in Anspruch zu nehmen (z. B. als Mitglied eines Mietervereins, einer Gewerkschaft oder einer anderen Organisation) besteht in dieser Angelegenheit nicht.

Wenn Sie laufende Leistungen zum Lebensunterhalt nach dem Bundessozialhilfegesetz beziehen und den letzten Bescheid des Sozialamtes beifügen, sind Angaben zu (C) bis (G) entbehrlich, sofern das Gericht nicht etwas anderes anordnet.

(C) Meine monatlichen Einkünfte belaufen sich auf brutto: . . . . EUR, netto: . . . . EUR

Mein Ehegatte oder Lebenspartner hat monatliche Einkünfte von netto: . . . . EUR

(D) Die Wohnkosten für die von mir gemeinsam mit . . . . Personen bewohnte Wohnung in Größe von . . . . . . m^2

betragen monatlich insgesamt . . . . EUR

(E)

Angehörige, denen Sie Unterhalt gewähren Name, Vorname (Anschrift nur, wenn sie von Ihrer Anschrift abweicht)	Geburtsdatum	Familienverhältnis (z. B. Ehegatte, Lebenspartner, Kind, Schwiegermutter)	Wenn Sie den Unterhalt ausschließlich durch Zahlung gewähren: Monatsbeitrag in EUR	Haben die Angehörigen eigene Einnahmen? (z. B. Ausbildungsvergütung, Unterhaltszahlungen vom anderen Elternteil)	
1				Nein	Ja, EUR mtl. netto
2				Nein	Ja, EUR mtl. netto
3				Nein	Ja, EUR mtl. netto
4				Nein	Ja, EUR mtl. netto
5				Nein	Ja, EUR mtl. netto

JV 200 Schriftlicher Antrag auf Gewährung von Beratungshilfe (01.02)

(F) Ist **Vermögen** vorhanden? ☐ Nein ☐ Ja, in diesem Fall bitte nachstehende weitere Angaben:

		Verkehrswert oder Guthabenbetrag
Grundvermögen ☐ Nein ☐ Ja	Bezeichnung nach Lage, Größe, Nutzungsart	
Bank-, Spar-, Bauspar- Guthaben, Wertpapiere ☐ Nein ☐ Ja	Bezeichnung der Bank, Sparkasse oder des sonstigen Kreditinstituts Bei Bausparguthaben bitte Auszahlungstermin und Verwendungszweck angeben.	
Sonstige Vermögenswerte (einschließlich Bargeld), Haushalt, Kleidung, Berufs- Gegenstände, soweit nicht Luxus, bleiben außer Betracht.	Bezeichnung des Gegenstandes	

Verbindlichkeiten (bitte nur ausfüllen, wenn Vermögenswerte angegeben)	Restbetrag in EUR
Art der Verbindlichkeit, Bezeichnung des Gläubigers, Verwendungszweck	

(G) Als besondere Belastung mache ich geltend: Besondere Belastung (z. B. Mehrausgaben für körperbehinderten Angehörigen) bitte begründen. Die Angaben sind zu belegen.

In der Angelegenheit, für die ich Beratungshilfe beantrage, ist mir bisher Beratungshilfe weder gewährt noch durch das Amtsgericht versagt worden.

Ein gerichtliches Verfahren war oder ist nicht anhängig.

Ich versichere, dass meine Angaben vollständig und wahr sind.

Das Hinweisblatt zu diesem Vordruck habe ich erhalten.

Belege zu folgenden Angaben haben vorgelegen:

☐ Bewilligungsbescheid für laufende Hilfe zum Lebensunterhalt

☐ Einkünfte

☐ Sonstiges:

....

....

....

Ort, Datum

....
(Unterschrift des Antragstellers)

Ort, Datum

....
(Unterschrift des Rechtspflegers/Rechtsanwalts)

JV 200 Schriftlicher Antrag auf Gewährung von Beratungshilfe (01.02)

Antrag auf Prozesskostenhilfe

Ein Rechtsstreit vor einem Gericht kostet Geld. Wer eine Klage erheben will, muss für das Verfahren in der Regel Gerichtskosten zahlen. Schreibt das Gesetz eine anwaltliche Vertretung vor oder ist aus sonstigen Gründen anwaltliche Vertretung notwendig, kommen die Kosten für diese hinzu. Entsprechende Kosten entstehen einer Partei, die sich gegen eine Klage verteidigt.

Die Prozesskostenhilfe will Parteien, die diese Kosten nicht aufbringen können, die Verfolgung oder Verteidigung ihrer Rechte ermöglichen.

Wer erhält Prozesskostenhilfe?

Dazu schreibt das Gesetz vor:

> Eine Partei, die nach ihren persönlichen und wirtschaftlichen Verhältnissen die Kosten der Prozessführung nicht, nur zum Teil oder nur in Raten aufbringen kann, erhält auf Antrag Prozesskostenhilfe, wenn die beabsichtigte Rechtsverfolgung oder Rechtsverteidigung hinreichende Aussicht auf Erfolg bietet und nicht mutwillig erscheint.

Einen Anspruch auf Prozesskostenhilfe hat danach, wer
• einen Prozess führen muss und die dafür erforderlichen Kosten nicht aufbringen kann und
• nach Einschätzung des Gerichts nicht nur geringe Aussichten hat, den Prozess zu gewinnen.
Ein Anspruch auf Prozesskostenhilfe besteht nicht, wenn eine Rechtsschutzversicherung oder eine andere Stelle die Kosten übernimmt. Sie kann auch dann nicht gewährt werden, wenn der Ehegatte oder bei einem unverheirateten Kind die Eltern oder ein Elternteil aufgrund gesetzlicher Unterhaltspflicht für die Kosten aufkommen müssen.

Was ist Prozesskostenhilfe?

Die Prozesskostenhilfe bewirkt, dass Sie auf die Gerichtskosten und auf die Kosten Ihrer anwaltlichen Vertretung je nach Ihren persönlichen und wirtschaftlichen Verhältnissen keine Zahlungen oder Teilzahlungen zu leisten haben. Aus ihrem Einkommen haben Sie gegebenenfalls bis höchstens 48 Monatsraten zu zahlen, deren Höhe gesetzlich festgelegt ist.

Auf die Kosten einer anwaltlichen Vertretung erstreckt sich die Prozesskostenhilfe, wenn das Gericht Ihnen einen Rechtsanwalt beiordnet. Dies muss besonders beantragt werden. Der Rechtsanwalt muss grundsätzlich bei dem jeweiligen Gericht zugelassen sein. Sollte dies nicht zutreffen, kann das Gericht dem Beiordnungsantrag nur entsprechen, wenn der Rechtsanwalt auf die Vergütung der Mehrkosten verzichtet.

Verbessern sich Ihre Verhältnisse wesentlich, können Sie vom Gericht auch noch nachträglich bis zum Ablauf von vier Jahren seit Prozessende zu Zahlungen herangezogen werden, unter Umständen bis zur vollen Höhe der Gerichtskosten und der Kosten Ihrer anwaltlichen Vertretung. Verschlechtern sich Ihre Verhältnisse, ist eine Veränderung etwa festgesetzter Raten zu Ihren Gunsten möglich.

Welche Risiken sind zu beachten?

Wer einen Rechtsstreit führen muss, sollte sich zunächst möglichst genau über die Höhe der zu erwartenden Gerichts- und Anwaltskosten informieren. Das gilt auch bei Prozesskostenhilfe, denn sie schließt nicht jedes Kostenrisiko aus.

Insbesondere erstreckt sie sich nicht auf die Kosten, die die gegnerische Partei für ihre Prozessführung, zum Beispiel für ihre anwaltliche Vertretung, aufwendet. Verliert eine Partei den Prozess, so muss sie dem Gegner diese Kosten in der Regel auch dann erstatten, wenn ihr Prozesskostenhilfe bewilligt worden ist. Eine Ausnahme gilt in der Arbeitsgerichtsbarkeit: Hier hat die unterliegende Partei in der ersten Instanz die Kosten der gegnerischen Prozessvertretung nicht zu erstatten.

Schon für eine anwaltliche Vertretung im Verfahren über die Prozesskostenhilfe entstehen Kosten. Diese muss die Partei begleichen, wenn ihrem Antrag auf Prozesskostenhilfe nicht entsprochen wird. Das Gleiche gilt für bereits entstandene und noch entstehende Gerichtskosten.

Wie beantragt man Prozesskostenhilfe?

Erforderlich ist ein Antrag, in dem das Streitverhältnis ausführlich und vollständig dargestellt sein muss. Es muss sich aus ihm für das Gericht die vom Gesetz geforderte »hinreichende Aussicht auf Erfolg« (siehe oben) schlüssig ergeben. Die Beweismittel sind anzugeben. Zu diesen Fragen sollten Sie sich, wenn nötig, anwaltlich beraten lassen.

Tipp: Lassen Sie sich dabei auch über das Beratungshilfegesetz informieren, nach dem Personen mit geringem Einkommen und Vermögen eine kostenfreie oder wesentlich verbilligte Rechtsberatung und außergerichtliche Vertretung beanspruchen können.

Dem Antrag sind außerdem eine Erklärung über die persönlichen und wirtschaftlichen Verhältnisse (Familienverhältnisse, Beruf, Vermögen, Einkommen und Lasten) sowie entsprechende Belege beizufügen. Für die Erklärung muss der entsprechende Vordruck (siehe Seite 192f.) benutzt werden. Prozesskostenhilfe kann grundsätzlich nur für die Zeit nach Vorlage des vollständigen Antrags einschließlich dieser Erklärung und aller notwendigen Belege bewilligt werden.

Das Gericht verfügt mit der Bewilligung der Prozesskostenhilfe über Mittel, die von der Allgemeinheit durch Steuern aufgebracht werden. Es muss deshalb prüfen, ob ein Anspruch auf Prozesskostenhilfe besteht. Der Vordruck soll diese Prüfung erleichtern. Haben Sie daher bitte Verständnis dafür, dass Sie Ihre persönlichen und wirtschaftlichen Verhältnisse darlegen müssen.

Lesen Sie den Vordruck sorgfältig durch und füllen Sie ihn sorgfältig und gewissenhaft aus. Die Ausfüllhinweise zum Vordruck finden Sie im Folgenden. Wenn Sie beim Ausfüllen Schwierigkeiten haben, können Sie sich auch an Ihren Rechtsanwalt oder an das Gericht wenden.

Sollte der Raum im Vordruck nicht ausreichen, können Sie die Angaben auf einem gesonderten Blatt machen. Bitte weisen Sie in dem betreffenden

Feld auf das beigefügte Blatt hin. Und fügen Sie die notwendigen Belege nach dem jeweils neuesten Stand bei. Nummerieren Sie sie und tragen Sie die Nummer in dem dafür vorgesehenen Kästchen am Rand ein. Fehlende Belege können zur Versagung der Prozesskostenhilfe führen, unvollständige oder unrichtige Angaben auch zu ihrer Aufhebung und zur Nachzahlung der inzwischen angefallenen Kosten. Bewusst unrichtige oder unvollständige Angaben können eine Strafverfolgung nach sich ziehen.

Ausfüllhinweise

Füllen Sie den Vordruck bitte in allen Teilen vollständig aus. Wenn Fragen zu verneinen sind, kreuzen Sie bitte das dafür vorgesehene Kästchen an. Wenn ein solches nicht vorgesehen ist, tragen Sie bitte das Wort »nein« oder einen waagerechten Strich ein.

A   Bitte bezeichnen Sie die Erwerbstätigkeit, aus der Sie Einnahmen (Abschnitt E des Vordrucks) beziehen. Ihren Familienstand können Sie abgekürzt (l = ledig; vh = verheiratet; gtrl = getrennt lebend; gesch = geschieden; verw = verwitwet) angeben.

B   Sollten Sie eine Rechtsschutzversicherung haben, prüfen Sie bitte zuerst, ob diese die Kosten übernimmt. Fügen Sie in jedem Fall den Versicherungsschein bei. Fragen Sie im Zweifel bei der Versicherung oder Ihrem Rechtsanwalt nach. Falls Ihre Versicherung die Übernahme der Kosten ablehnt, fügen Sie bitte auch den Ablehnungsbescheid bei. Entsprechendes gilt, wenn die Kosten von einer anderen Stelle oder Person (zum Beispiel Haftpflichtversicherung oder Arbeitgeber) übernommen werden oder wenn Sie eine kostenlose Prozessvertretung durch eine Organisation (zum Beispiel Mieterverein, Gewerkschaft) beanspruchen können.

C   Die Frage ist auch dann zu bejahen, wenn Ihnen die Leistungen nicht als Unterhaltsrente, sondern als Naturalleistung (zum Beispiel freie Wohnung, Verpflegung, sonstige Versorgung im elterlichen Haushalt; Leistungen des Partners einer eheähnlichen Lebensgemeinschaft) gewährt werden. Der Betrag dieser Leistungen ist unter E, »Andere Einnahmen« einzutragen.

Falls die unterhaltsverpflichtete Person Ihr getrennt lebender Ehegatte ist oder mit Ihnen in gerader Linie verwandt ist (zum Beispiel Vater/Mutter) und Ihr Prozess eine persönliche Angelegenheit betrifft (zum Beispiel Unterhaltsprozess, Scheidungssache), benötigt das Gericht zusätzlich Angaben über die persönlichen und wirtschaftlichen Verhältnisse dieser Person. Für den getrennt lebenden Ehegatten können die Angaben in den Abschnitten E bis J dieses Vordrucks gemacht werden. In den übrigen Fällen bitte ein Zweitstück verwenden. Streichen Sie in diesem in der ersten Zeile unter A die Worte »Prozesskostenhilfe wird beantragt von« und schreiben Sie darüber – je nachdem wer Ihnen den Unterhalt gewährt – die für Ihren Fall zutreffende Bezeichnung der Person, die Prozesskostenhilfe beantragt (Eltern/Vater/Mutter). Bitte lassen Sie es dann von den Eltern beziehungsweise dem Elternteil in den Abschnitten D bis J ausfüllen und unterschreiben und fügen Sie es Ihrer Erklärung bei. Falls die unterhaltsverpflichtete Person die Mitwirkung ablehnt, geben Sie bitte den Grund der Weigerung sowie das an, was Ihnen über deren persönliche und wirtschaftliche Verhältnisse bekannt ist.

D Wenn Sie Angehörigen Unterhalt gewähren, wird dies bei der Bewilligung der Prozesskostenhilfe berücksichtigt. Deshalb liegt es in Ihrem Interesse, wenn Sie angeben, welchen Personen Sie Unterhalt leisten, ob Sie den Unterhalt ausschließlich durch Geldzahlungen erbringen und ob die Personen eigene Einnahmen haben. Zu den eigenen Einnahmen einer Person, der Sie Unterhalt gewähren, gehören zum Beispiel auch Unterhaltszahlungen eines Dritten, insbesondere diejenigen des anderen Elternteils für das gemeinsame Kind, oder eine Ausbildungsvergütung, die ein unterhaltsberechtigtes Kind bezieht.

E Zu lhren Angaben müssen Sie die notwendigen Belege beifügen. Einnahmen aus nichtselbständiger Arbeit sind insbesondere Lohn oder Gehalt. Anzugeben sind die Bruttoeinnahmen des letzten Monats vor der Antragstellung. Falls Sie von Monat zu Monat unterschiedlich viel verdienen, geben Sie bitte die niedrigeren beziehungsweise höheren Durchschnittsein-

nahmen an. Erläutern Sie diese auf einem besonderen Blatt. Urlaubs-, Weihnachtsgeld und andere einmalige oder unregelmäßige Einnahmen bitte gesondert unter »Andere Einnahmen« angeben. Beizufügen sind:
• eine Lohn- oder Gehaltsabrechnung der Arbeitsstelle für die letzten zwölf Monate vor der Antragstellung;
• falls vorhanden, der letzte Bescheid des Finanzamts über einen Lohnsteuerjahresausgleich oder die Einkommensteuer, sonst die Lohnsteuerbescheinigung der Arbeitsstelle, aus der die Brutto- und Nettobezüge des Vorjahres ersichtlich sind.

Einnahmen aus selbstständiger Arbeit, Gewerbebetrieb oder Land- und Forstwirtschaft sind in einem aktuellen Monatsbetrag anzugeben. Das Gleiche gilt für die Eintragung der entsprechenden Betriebsausgaben als Abzüge unter F 4. Stellen Sie die Monatsbeträge bitte auf einem gesonderten Blatt anhand eines Zwischenabschlusses mit dem sich daraus ergebenden Reingewinn dar. Saisonale oder sonstige Schwankungen im Betriebsergebnis sind durch angemessene Zu- oder Abschläge zu berücksichtigen; die in den Vordruck einzusetzenden Monatsbeträge der Einnahmen und der Betriebsausgaben sind daraus zeitanteilig zu errechnen. Auf Anforderung des Gerichts sind die Betriebseinnahmen mit den entsprechenden Umsatzsteuervoranmeldungen und die Betriebsausgaben mit den angefallenen Belegen nachzuweisen. Der letzte Jahresabschluss und der letzte Steuerbescheid, aus dem sich die erzielten Einkünfte ergeben, sind beizufügen. Bei Einnahmen aus Vermietung und Verpachtung und aus Kapitalvermögen (zum Beispiel Sparzinsen, Dividenden) bitte ein Zwölftel der voraussichtlichen Jahreseinnahmen eintragen. Wenn Sie Unterhaltszahlungen für sich und Kinder beziehen, ist bei Ihrer Angabe unter »Andere Einnahmen« nur der für Ihren Unterhalt bestimmte Betrag einzutragen. Die für die Kinder bestimmten Beträge bitte im letzten Feld des Abschnitts D angeben. Weitere Beispiele für andere Einnahmen sind Leistungen wie Pensionen, Versorgungsbezüge, Renten jeglicher Art, Ausbildungsförderung, Krankengeld, Arbeitslosengeld, Arbeitslosenhilfe, Sozialhilfe und dergleichen. Der letzte Bewilligungsbescheid und die Unterlagen, aus denen sich die derzeitige Höhe der Leistungen ergibt, sind beizufügen. Anzugeben mit ihrem Geldwert sind hier ferner alle sonstigen, in den vorhergehenden Zeilen des Vordrucks nicht erfassten Einnahmen, auch Naturalleistungen (zum Beispiel

Deputate, freie Verpflegung und sonstige Sachbezüge; freie Wohnung jedoch nur, wenn unter H Wohnkosten angegeben werden).

F   Als Abzüge können Sie geltend machen: die auf das Einkommen entrichteten Steuern (auch Kirchen-, Gewerbesteuer, nicht Umsatzsteuer); Pflichtbeiträge zur Sozialversicherung (Renten-, Kranken-, Invaliden-, Arbeitslosenversicherung); Beiträge zu öffentlichen oder privaten Versicherungen oder ähnlichen Einrichtungen, soweit diese Beiträge gesetzlich vorgeschrieben oder nach Grund und Höhe angemessen sind; bitte erläutern Sie Art und Umfang der Versicherung auf einem gesonderten Blatt, falls dies nicht eindeutig aus den beizufügenden Belegen (zum Beispiel Versicherungsschein, Beitragsrechnung) hervorgeht; Werbungskosten, das heißt die notwendigen Aufwendungen zur Erwerbung, Sicherung und Erhaltung der Einnahmen (zum Beispiel auch Berufskleidung, Gewerkschaftsbeitrag). Wenn Sie Kosten für die Fahrt zur Arbeit geltend machen, ist die einfache Entfernung in Kilometer anzugeben, bei Benutzung eines Pkw auch der Grund, warum kein öffentliches Verkehrsmittel benutzt wird. Bei Einnahmen aus selbstständiger Arbeit hier bitte die Betriebsausgaben angeben; soweit diese Aufwendungen zugleich unter F 1, 2, 3 oder unter J fallen, dürfen sie jedoch nur einmal angesetzt werden.

G   Hier sind alle Vermögenswerte (auch im Ausland angelegte) anzugeben, die Ihnen und Ihrem Ehegatten gehören. Sollten eine oder mehrere dritte Personen Miteigentümer sein, bitte den Anteil bezeichnen, der Ihnen beziehungsweise Ihrem Ehegatten gehört. Prozesskostenhilfe kann auch dann bewilligt werden, wenn zwar Vermögenswerte vorhanden sind, diese aber zur Sicherung einer angemessenen Lebensgrundlage oder einer angemessenen Vorsorge dienen. Derartige Vermögenswerte sind zum Beispiel:
    • ein eigengenutztes angemessenes Hausgrundstück (Familienheim);
    • kleinere Barbeträge oder Geldwerte (Beträge bis insgesamt 2600 Euro für die hilfebedürftige Partei zuzüglich 267 Euro für jede Person, die von ihr überwiegend unterhalten wird, sind in der Regel als ein solcher kleinerer Betrag anzusehen).
    Diese Vermögenswerte müssen Sie aber trotzdem angeben.

Hausrat, Kleidung sowie Gegenstände, die für die Berufsausbildung oder die Berufsausübung benötigt werden, müssen nur dann angegeben werden, wenn sie den Rahmen des Üblichen übersteigen oder wenn es sich um Gegenstände von hohem Wert handelt. Ist Grundvermögen vorhanden, das bebaut ist, geben Sie gegebenenfalls bitte auch die jeweilige Gesamtfläche an, die für Wohnzwecke beziehungsweise einen gewerblichen Zweck genutzt wird, nicht nur die von Ihnen und Ihren Angehörigen (siehe D) genutzte Fläche. In der letzten Spalte des Abschnitts ist bei Grundvermögen der Verkehrswert (nicht Einheits- oder Brandversicherungswert) anzugeben, bei Bauspar-, Bank-, Giro-, Sparkonten und dergleichen die derzeitige Guthabenhöhe, bei Wertpapieren der derzeitige Kurswert und bei einer Lebensversicherung der Wert, mit dem sie beliehen werden kann. Unter »Sonstige Vermögenswerte« fallen auch Forderungen und Außenstände, in Scheidungsverfahren insbesondere auch der Anspruch aus Zugewinn. Sollte der Einsatz oder die Verwertung eines Vermögensgegenstands für Sie und Ihre Familie eine besondere Härte bedeuten, erläutern Sie dies bitte auf einem gesonderten Blatt.

H Wenn Wohnkosten geltend gemacht werden, bitte Wohnfläche und Art der Heizung angeben. Die Kosten bitte wie im Vordruck vorgesehen aufschlüsseln. Mietnebenkosten sind außer den gesondert anzugebenden Heizungskosten die auf die Mieter umgelegten Betriebskosten (Grundsteuer, Entwässerung, Straßenreinigung, Aufzug, Hausreinigung, Gemeinschaftsantenne usw.). Zu der Belastung aus Fremdmitteln bei Wohneigentum gehören insbesondere die Zins- und Tilgungsraten auf Darlehen/ Hypotheken/ Grundschulden, die für den Bau, den Kauf oder die Erhaltung des Familienheims aufgenommen worden sind. Nebenkosten sind auch hier außer den gesondert anzugebenden Heizungskosten die Betriebskosten. Sollten Sie sich den Wohnraum mit einer anderen Person als einem Angehörigen (siehe D) teilen, tragen Sie bitte nur die auf Sie entfallenden anteiligen Beträge ein. Die entsprechenden Belege (zum Beispiel Mietvertrag, Darlehensurkunden, Nebenkostenabrechnung) müssen beigefügt werden.

I Auch über die monatlichen Zahlungen und die derzeitige Höhe der Restschuld sind Belege beizufügen, wenn die Zahlungsverpflichtung für die

Anschaffung eines unter G anzugebenden Vermögensgegenstandes eingegangen worden ist oder wenn sie unter J als besondere Belastung geltend
gemacht wird.

J Wenn Sie eine besondere Belastung geltend machen, bitte den Monatsbetrag oder die anteiligen Monatsbeträge angeben, die von Ihren Einnahmen
beziehungsweise den Einnahmen Ihres Ehegatten abgesetzt werden sollen. Bitte fügen Sie außer den Belegen auf einem gesonderten Blatt eine Erläuterung bei. Eine Unterhaltsbelastung des Ehegatten aus seiner früheren
Ehe kann hier angegeben werden. Auch hohe Kreditraten können als besondere Belastung absetzbar sein. Aus den Einzelangaben dazu unter I des
Vordrucks muss sich ergeben, wofür, seit wann und bis wann die Ratenver-
pflichtung besteht. Anzugeben ist ferner, ob Sie die Kreditraten laufend
begleichen. Ihre tatsächlichen Zahlungen müssen Sie belegen.

K Die Erklärung ist in der letzten Zeile von der Partei selbst beziehungsweise
der Person zu unterschreiben, die sie gesetzlich vertritt.

Erklärung über die persönlichen und wirtschaftlichen Verhältnisse
- Anlage zum Antrag auf Bewilligung von Prozesskostenhilfe; die notwendigen Belege sind beizufügen -

Geschäftsnummer des Gerichts

(A) Die Prozesskostenhilfe wird beantragt von (Name, Vorname, ggf. Geburtsname) | Beruf, Erwerbstätigkeit | Geburtsdatum | Familienstand

Anschrift (Straße, Hausnummer, Postleitzahl, Wohnort) | Tagsüber telefonisch erreichbar unter Nr.

Antragstellende Partei wird gesetzlich vertreten von (Name, Vorname, Anschrift, Telefon)

(B) Trägt eine **Rechtsschutzversicherung** oder **andere Stelle/Person** (z. B. Gewerkschaft, Arbeitgeber, Mieterverein) die Kosten der Prozessführung?

Nein ☐ | Ja ☐ in voller Höhe | Ja, in Höhe von EUR:

(C) Beziehen Sie **Unterhaltsleistungen** (z. B. Unterhaltszahlungen, Versorgung im elterlichen Haushalt, Leistungen des Partners einer eheähnlichen Lebensgemeinschaft)?

Nein ☐ | Ja, ☐ von Eltern/Vater/Mutter (Bitte auf Zweitstück dieses Vordrucks Angaben über deren/dessen Verhältnisse – s. Hinweise) | Ja, ☐ vom getrenntleben- den/geschiedenen Ehegatten | Ja, ☐ von anderer Person

Beleg Nr.

(D) Angehörige, denen Sie Unterhalt gewähren

Name, Vorname (Anschrift nur, wenn sie von Ihrer Anschrift abweicht)	Geburtsdatum	Familienverhältnis (z. B. Ehegatte, Kind, Schwiegermutter)	Wenn Sie der Unter- halt ausschließlich durch Zahlung gewähren: Monatsbetrag in EUR	Haben die Angehörigen eigene Einnahmen? (z. B. Ausbildungsvergütung, Unter- haltszahlungen vom anderen Elternteil)
1				Nein ☐ Ja, EUR mtl. netto
2				Nein ☐ Ja, EUR mtl. netto
3				Nein ☐ Ja, EUR mtl. netto
4				Nein ☐ Ja, EUR mtl. netto
5				Nein ☐ Ja, EUR mtl. netto

Beleg Nr.

Wenn Sie laufende Leistungen zum Lebensunterhalt nach dem Bundessozialhilfegesetz beziehen und **den letzten Bescheid des Sozialamtes beifügen**, sind Angaben zu (E) bis (J) entbehrlich, sofern das Gericht nicht etwas anderes anordnet.

(E) Brutto- einnahmen

Bitte unbedingt beachten:
Die notwendigen **Belege** (z. B. Lohn- bescheinigung der Arbeitsstelle) müssen beigefügt werden.

Bitte Art und Bezugszeit- raum angeben z. B. Unterhaltsrente mtl. Altersrente mtl. Weihnachts-/Ur- laubsgeld jährl. Arbeitslosengeld mtl. Arbeitslosenhilfe mtl. Ausbildungsfördg. mtl. Krankengeld mtl.

Haben **Sie** Einnahmen aus			Hat Ihr **Ehegatte** Einnahmen aus		
nichtselbständiger Arbeit?	Nein ☐	Ja, EUR mtl. brutto	nichtselbständiger Arbeit?	Nein ☐	Ja, EUR mtl. brutto
selbständiger Arbeit/Gewer- bebetrieb/Land-, Forst- wirtschaft?	Nein ☐	Ja, EUR mtl. brutto	selbständiger Arbeit/Gewer- bebetrieb/Land-, Forst- wirtschaft?	Nein ☐	Ja, EUR mtl. brutto
Vermietung und Verpachtung?	Nein ☐	Ja, EUR mtl. brutto	Vermietung und Verpachtung?	Nein ☐	Ja, EUR mtl. brutto
Kapitalvermögen?	Nein ☐	Ja, EUR mtl. brutto	Kapitalvermögen?	Nein ☐	Ja, EUR mtl. brutto
Kindergeld?	Nein ☐	Ja, EUR mtl. brutto	Kindergeld?	Nein ☐	Ja, EUR mtl.
Wohngeld?	Nein ☐	Ja, EUR mtl. brutto	Wohngeld?	Nein ☐	Ja, EUR mtl.
Andere Einnahmen (auch ein- malige oder unregelmäßige)?	Nein ☐	Ja ☐ und zwar EUR brutto	Andere Einnahmen (auch ein- malige oder unregelmäßige)?	Nein ☐	Ja ☐ und zwar EUR brutto
		EUR brutto			EUR brutto
		EUR brutto			EUR brutto

Beleg Nr.

Falls zu den Einnahmen alle Fragen verneint werden: Auf welche Umstände ist dies zurückzuführen? Wie bestreiten Sie Ihren Lebensunterhalt?

(F) Abzüge

Bitte kurz bezeichnen z. B. [1] Lohnsteuer [2] Pflichtbeiträge [3] Lebensversich. [4] Fahrt zur Arbeit, km einfache Entfernung

Die notwendigen Belege müssen beigefügt werden.

Welche Abzüge haben **Sie**?		Welche Abzüge hat Ihr **Ehegatte**?	
[1] Steuern	EUR mtl.	[1] Steuern	EUR mtl.
[2] Sozialversicherungsbeiträge	EUR mtl.	[2] Sozialversicherungsbeiträge	EUR mtl.
[3] Sonstige Versicherung	EUR mtl.	[3] Sonstige Versicherung	EUR mtl.
[4] Werbungskosten, Betriebsausgaben	EUR mtl.	[4] Werbungskosten, Betriebsausgaben	EUR mtl.

Beleg Nr.

Allgemeine Fassung | **JV 205 (2)** Erklärung über die persönlichen und wirtschaftlichen Verhältnisse bei Prozesskostenhilfe (01.02) | Seite 1 von 2

G) Ist Vermögen vorhanden?

A / B oder / C — In dieser Spalte mit Großbuchstaben bitte jeweils angeben, wem der Gegenstand gehört: A = mir allein   B = meinem Ehegatten   C = meinem Ehegatten und mir gemeinsam

Verkehrswert, Guthabenhöhe, Betrag in EUR

Belegnr.

Grundvermögen?
(z. B. Grundstück, Familienheim, Wohnungseigentum, Erbbaurecht)

Nutzungsart, Lage, Größe, Grundbuchbezeichnung, Jahr der Bezugsfertigkeit, Einheits-, Brandversicherungswert:

☐ Nein   ☐ Ja

Bausparkonten?

Bausparkasse, voraussichtlicher oder feststehender Auszahlungstermin, Verwendungszweck:

☐ Nein   ☐ Ja

Bank-, Giro-, Sparkonten u. dgl.?

Kreditinstitut, Guthabenart:

☐ Nein   ☐ Ja

Kraftfahrzeuge?

Fahrzeugart, Marke, Typ, Bau-, Anschaffungsjahr:

☐ Nein   ☐ Ja

Sonstige Vermögenswerte,
Lebensversicherung, Wertpapiere, Bargeld, Wertgegenstände, Forderungen, Außenstände?

Bezeichnung der Gegenstände:

☐ Nein   ☐ Ja

H) Wohnkosten
Angaben sind zu belegen

Größe des Wohnraums, den Sie mit Ihren oben unter (D) bezeichneten Angehörigen bewohnen

Größe in m²   Art der Heizung (z. B. „Zentrale Ölheizung")

Beleg-Nr.

Wenn Sie den Raum als **Mieter** oder in einem ähnlichen Nutzungsverhältnis bewohnen	Miete ohne Mietnebenkosten EUR mtl.	Heizungskosten EUR mtl.	Übrige Nebenkosten EUR mtl.	Gesamtbetrag EUR mtl.	Ich zahle darauf EUR mtl.	Ehegatte zahlt EUR mtl.

Wenn Sie den Raum als **Eigentümer**, Miteigentümer, Erbbauberechtigter o. dgl. bewohnen	Belastung aus Fremdmitteln EUR mtl.	Heizungskosten EUR mtl.	Übrige Nebenkosten EUR mtl.	Gesamtbetrag EUR mtl.	Ich zahle darauf EUR mtl.	Ehegatte zahlt EUR mtl.

Genaue Einzelangaben zu der Belastung aus Fremdmitteln (z. B. ... % Zinsen, ... % Tilgung aus Darlehn der Sparkasse ... für Kauf des Eigenheims; Zahlungen laufen bis ...")

Restschuld EUR   Ich zahle darauf EUR mtl.   Ehegatte zahlt EUR mtl.

I) Sonstige Zahlungsverpflichtungen   Bitte angeben, an wen, wofür, seit wann die Zahlungen geleistet werden und bis wann sie laufen (z. B. „Ratenkredit der ... Bank vom ... für Kauf eines Pkw; Raten laufen bis ...")

Restschuld EUR   Ich zahle darauf EUR mtl.   Ehegatte zahlt EUR mtl.

Beleg-Nr.

J) Als besondere Belastung mache ich geltend: Besondere Belastung (z. B. Mehrausgaben für körperbehinderten Angehörigen) bitte begründen. **Die Angaben sind zu belegen.**

Ich bringe dafür auf EUR mtl.   Ehegatte bringt dafür auf EUR mtl.

Beleg-Nr.

Ich versichere hiermit, daß meine Angaben vollständig und wahr sind.   Das Hinweisblatt zu diesem Vordruck habe ich erhalten.

Anzahl

Aufgenommen:

K) .... **Belege** füge ich bei.

Ort, Datum

Unterschrift der Partei oder der Person, die sie gesetzlich vertritt

Unterschrift, Amtsbezeichnung

JV 205 (2) Erklärung über die persönlichen und wirtschaftlichen Verhältnisse bei Prozesskostenhilfe (01.02)   Seite 2 von 2

Aktuelle Informationen zur Reform des Unterhaltsrechts

Die Große Koalition hat nach dem Urteil des Bundesverfassungsgerichts vom 23. Mai 2007 die Unterhaltsreform gestoppt. Das Bundesverfassungsgericht hatte über eine Verfassungsbeschwerde nach dem derzeitigen Recht zu entscheiden. Eine ledige Mutter von vier Kindern hatte für die Betreuung ihres heute zehnjährigen Kindes drei Jahre lang rund 630 Euro Unterhalt pro Monat bekommen. Danach war Schluss, entschieden die Gerichte. Wäre sie mit dem Vater verheiratet gewesen, hätte sie mindestens fünf weitere Jahre den vollen Unterhalt bekommen und bis zum 15. Lebensjahr nur Teilzeit arbeiten müssen. Der Bundesgerichtshof hielt den Unterschied zwischen geschiedenen und unverheirateten Partnern im Bürgerlichen Gesetzbuch bisher für gerechtfertigt, denn die Ehe sei verfassungsrechtlich geschützt. Doch tatsächlich ist dieser Unterschied verfassungswidrig, urteilte jetzt das Bundesverfassungsgericht.

Keine Unterscheidung zulässig

In der derzeitigen Regelung sieht das Bundesverfassungsgericht einen Verstoß gegen Artikel 6 Abs. 5 des Grundgesetzes: »Den unehelichen Kindern sind durch die Gesetzgebung die gleichen Bedingungen für ihre leibliche und seelische Entwicklung und ihre Stellung in der Gesellschaft zu schaffen wie den ehelichen Kindern.« Wie viel ein Kind an »persönlicher, elterlicher Betreuung und Zuwendung bedarf, richtet sich nicht danach, ob es ehelich oder nicht ehelich geboren ist.«

Bei der anstehenden Neuregelung hat die Regierung laut Verfassungsgericht »mehrere Möglichkeiten«. Sie kann den Betreuungsunterhalt für nicht eheliche Kinder erweitern oder den Unterhaltsanspruch für eheliche Kinder kürzen. Wichtig ist nur: Die Dauer muss bei nicht ehelichen und ehelichen Kindern gleich sein.

Auswirkungen auf die beschlossene Unterhaltsrechtsreform

Im März 2007 hatten sich die Union und die SPD nach einjähriger Auseinandersetzung auf ein neues Unterhaltsrecht verständigt. Die Union setzte sich hinsichtlich der Dauer des Unterhaltsanspruchs für den Betreuungsunterhalt durch. Es war vorgesehen, das geschiedene und nicht verheiratete Expartner gleichermaßen mindestens drei Jahre einen Unterhaltsanspruch haben. Dieser Punkt wird durch das Bundesverfassungsgerichtsurteil tendenziell nicht berührt.

Ein anderer Teil der geplanten Reform war allerdings die Reihenfolge der Unterhaltsberechtigten. Wenn nicht genügend Geld für alle Berechtigten da ist, haben Geschiedene bisher höhere Ansprüche als jene, die nie verheiratet waren. Im Kompromiss zwischen Union und SPD war vorgesehen, an die erste Stelle die Ansprüche der Kinder zu setzen – sie haben immer Vorrang. An zweiter Stelle stehen Ehefrauen/-männer, die Kinder betreuen, sowie langjährige Ehepartner. Erst im dritten Rang folgen unverheiratete Partner. Diese Reihenfolge hatte die Union gegen die Justizministerin Brigitte Zypries durchgesetzt. Die SPD-Politikerin wollte auf dem zweiten Rang alle Personen, die Kinder betreuen, gleichstellen – egal ob sie geschieden oder nie verheiratet waren. Durch das Bundesverfassungsgerichtsurteil wurde die Reform gestoppt, und es gilt erneut über den wesentlichen Punkt der Rangfolge eine Einigung zu treffen, um zu vermeiden, dass aufgrund des neuen Unterhaltsgesetzes eine weitere verfassungsgerichtliche Klage eingereicht wird.

Das neue Unterhaltsrecht wird nun aufgrund dieser Nachbesserung nicht zum 1.7.07 in Kraft treten können. Die sonstigen wesentlichen Änderungen werden aber weiterhin ihre Gültigkeit haben. Es steht nur in Frage: »Wann tritt das neue Unterhaltsrecht tatsächlich in Kraft und wie wird auf das Urteil des Bundesverfassungsgerichtes reagiert.«

Glossar

Altersvorsorgeunterhalt

Hat einer der Ehepartner aufgrund geringer oder gar keiner Beschäftigung nur unzureichende Rentenanwartschaften erworben, kann ihm ergänzend der sogenannte Altersvorsorgeunterhalt zustehen. Er ist ein unselbstständiger Teil des Unterhaltsanspruchs und zweckgebunden, das heißt, dieser Betrag muss in eine Lebens- oder Rentenversicherung einbezahlt werden.

Aufenthaltsbestimmungsrecht

Derjenige Ehepartner, dem das Aufenthaltsbestimmungsrecht zusteht, ist berechtigt zu entscheiden, wo sich die Kinder aufhalten. Das Aufenthaltsbestimmungsrecht ist Teil des Sorgerechts.

Aufstockungsunterhalt

Kann der Lebensunterhalt nur teilweise durch eigenen Verdienst gesichert werden, so kann der Unterschiedsbetrag zum vollen Unterhaltsbedarf vom Ehepartner verlangt werden.

Begrenztes Realsplitting

Begrenztes Realsplitting bedeutet, dass der Unterhaltsleistende die Unterhaltszahlungen an den geschiedenen Ehegatten steuermindernd geltend machen kann. Der Unterhaltsberechtigte muss seinerseits die Unterhaltszahlungen als Einkommen versteuern.

Beratungsgebühr

Diese fällt an, wenn Sie sich im Rahmen einer einmaligen Beratung beim Anwalt informieren, und kostet maximal 190,00 Euro zuzüglich der gesetzlichen Mehrwertsteuer.

Beratungshilfe

Beratungshilfe erhalten Sie, wenn Sie nicht in der Lage sind, die Kosten für eine anwaltliche Beratung beziehungsweise Beauftragung zu tragen. Sie müssen beim zuständigen Amtsgericht einen Beratungshilfeschein beantragen. Mit diesem vereinbaren Sie einen Termin bei Ihrem Anwalt.

Betreuungsunterhalt

Betreuungsunterhalt erhält derjenige Ehepartner, der ein gemeinsames Kind betreut, und deswegen nicht in der Lage ist zu arbeiten.

Cochemer Modell

Dies wurde zur Beschleunigung der Verfahren über Sorgerechts-, Aufenthaltsbestimmungsrechts- und Umgangsrechtregelungen eingeführt. Es sieht vor, dass die Rechtsanwälte, die Erziehungs- und Lebensberatungsstellen, das Familiengericht, Mediatoren und andere Gutachter, das Jugendamt sowie weitere Beteiligte konsequent kooperativ miteinander umgehen.

Ehewohnungszuweisungsverfahren

Ein Ehewohnungszuweisungsverfahren muss durchgeführt werden, wenn die Parteien sich nicht einig sind, wer nach einer Trennung die eheliche Wohnung weiter bewohnen kann.

Ehezeit

Die Ehezeit dauert im versorgungsausgleichsrechtlichen Sinne vom Monatsersten im Monat der Eheschließung bis zu dem Monatsende, das der Zustellung des Scheidungsantrags vorausgeht.

Elterliche Sorge

Die Eltern haben sich grundsätzlich gemeinsam um die persönlichen und finanziellen Belange ihrer Kinder zu kümmern. Bei einer Trennung/Scheidung verbleibt die elterliche Sorge bei beiden Elternteilen. Das gemeinsame Sorgerecht hat zur Folge, dass die Elternteile sich über Angelegenheiten von erheblicher Bedeutung ihrer Kinder einig werden müssen. Wesentliche Angelegenheiten sind zum Beispiel Schulentscheidungen, Berufsentscheidungen, wesentliche ärztliche Behandlungen, finanzielle Regelungen (Kontoeröffnungen) und Umzüge. Über die Angelegenheiten des täglichen Lebens entscheidet jeweils der Ehepartner, bei dem sich die Kinder befinden.

Gegenstandswert

Die sonstigen Anwalts- und Gerichtsgebühren berechnen sich nach dem sogenannten Gegenstandswert der Angelegenheiten. Dieser Wert ist nicht immer einfach zu bestimmen. Die verschiedenen Verfahrensteile wie Scheidung, Versorgungsausgleich, Zugewinnausgleich, Hausrat, Sorgerechtsverfahren etc. werden, wenn sie zusammen geltend gemacht werden, addiert. Der Gegenstandswert für die Scheidung zum Beispiel berechnet sich aus dem dreimonatigen Nettoeinkommen beider Ehepartner.

Hausrat

Unter Hausrat sind die Gegenstände, die für das tägliche Zusammenleben benötigt werden, zu verstehen. Im Rahmen eines Hausratsverteilungsverfahrens können einzelne Gegenstände einem bestimmten Ehepartner gerichtlich zugewiesen werden.

Krankenvorsorgeunterhalt

Hat ein Ehepartner nicht oder nur geringfügig gearbeitet, besteht nach der Scheidung gegebenenfalls kein Krankenversicherungsschutz. In diesem Fall sind die Krankenversicherungsbeiträge ebenfalls Teil des Unterhaltsanspruchs.

Lebensversicherungen

Die Lebensversicherungen fallen nur dann in den Versorgungsausgleich, wenn sie unwiderruflich auf Rentenbasis abgeschlossen wurden.

Prozesskostenhilfe

Die Prozesskostenhilfe ist eine staatliche Unterstützung für Menschen, die finanziell nicht in der Lage sind, die Kosten eines gerichtlichen Verfahrens zu tragen. Das Gericht prüft Einkommen und Ausgaben (Schulden) des Antragstellers und beschließt, ob die gesamten Kosten vom Staat getragen werden, oder ob Ratenzahlung gewährt wird.

Rentnerprivileg

Erhält zum Zeitpunkt des Scheidungsverfahrens ein Ehepartner bereits Rente, so erfolgt die Übertragung des Ausgleichs der Rentenanwartschaften erst dann, wenn der Ausgleichsberechtigte selbst Rentenzahlungen erhält.

Sorgerechts-, Aufenthaltsbestimmungsrechts- oder Umgangsrechtsverfahren

Können sich die Parteien in Bezug auf die elterliche Sorge nicht einigen, so muss im Rahmen eines Sorgerechts-, Aufenthaltsbestimmungsrechts- oder Umgangsrechtsverfahrens eine gerichtliche Entscheidung getroffen werden.

Trennung

Eine Trennung liegt dann vor, wenn ein Ehepartner beziehungsweise beide nicht mehr zusammenleben wollen und eine sogenannte Trennung von »Tisch und Bett« erfolgt. Haben Sie sich zur Trennung entschlossen, so sollten Sie umgehend Ihre finanzielle Situation klären. Gemeinsame Konten sind aufzulösen und Vollmachten zu widerrufen. Verschaffen Sie sich unverzüglich einen Überblick über die gesamte finanzielle Situation der Familie.

Trennungszeit

Sie müssen grundsätzlich ein Jahr getrennt leben, bevor ein Scheidungsantrag eingereicht werden kann.

Umgangsrecht

Der Ehepartner, bei dem sich die Kinder üblicherweise nicht aufhalten, hat einen Anspruch auf regelmäßigen Umgang mit dem Kind. Im Normalfall wird der Umgang alle 14 Tage am Wochenende gewährt. Es sind aber jederzeit abweichende individuelle Regelungen möglich.

Unterhalt

Unterhalt erhält derjenige, der sich nicht selbst versorgen kann. Kinder haben immer einen Anspruch auf Unterhalt von dem Ehepartner, bei dem sie nicht dauernd leben. Die Ehepartner haben dann einen Unterhaltsanspruch, wenn sie nicht selbst für ihren Lebensunterhalt aufkommen können.

Unterhalt wegen Alters

Unterhalt wegen Alters erhält, wer aufgrund seines Alters nicht mehr in der Lage ist zu arbeiten.

Unterhalt wegen Aus- und Fortbildung

Hat einer der Ehegatten wegen der Ehe seine Ausbildung abgebrochen, kann er diese nun nachholen. Für die Zeit der Aus- und Fortbildung beziehungsweise Umschulung steht ihm Unterhalt vom Ex-Partner zu.

Unterhalt wegen Erwerbslosigkeit

Ist ein Ehepartner trotz entsprechender Bemühungen nicht in der Lage, seinen Unterhalt durch eine Erwerbstätigkeit nach der Scheidung zu sichern, hat er einen Anspruch auf Unterhalt wegen Erwerbslosigkeit.

Unterhalt wegen Krankheit oder Gebrechen

Ist ein Ehepartner aus gesundheitlichen Gründen nicht in der Lage zu arbeiten, steht ihm Unterhalt wegen Krankheit oder Geberechen zu. Die Krankheit muss entweder bereits in der Ehe vorgelegen haben, sich unmittelbar an die Ehe anschließen oder an sonstige Unterhaltsansprüche anknüpfen.

Unterhalt wegen Unzumutbarkeit

Eine Arbeitstätigkeit ist nur dann zumutbar, wenn sie angemessen ist und den ehelichen Lebensverhältnissen entspricht. Ist dies nicht der Fall besteht (weiterhin) ein Unterhaltsanspruch.

Versorgungsausgleich

Der Versorgungsausgleich regelt die Auseinandersetzung der Rentenanwartschaften, die während der Ehezeit von den Ehepartnern erworben wurden.

Zugewinnausgleich/ Vermögensauseinandersetzung

Derjenige Ehepartner, der während der Ehezeit ein größeres Vermögen angesammelt hat, muss dem anderen Ehepartner die Hälfte seines Vermögenszuwaches ausgleichen.

Register

Über die Autorin

Christine Haaser ist seit 10 Jahren in Rottenburg als Anwältin mit dem Schwerpunkt Familien- und Scheidungsrecht tätig. Ihre Ernennung zur Fachanwältin erfolgte 2007.

Hinweis

Die Ratschläge in diesem Buch sind von der Autorin und vom Verlag sorgfältig erwogen und geprüft, dennoch kann eine Garantie nicht übernommen werden. Eine Haftung der Autorin bzw. des Verlags und seiner Beauftragten für Personen-, Sach- und Vermögensschäden ist ausgeschlossen.
Redaktionsstand: 1. Juli 2007

© 2007 by Südwest Verlag, einem Unternehmen der Verlagsgruppe Random House GmbH, 81673 München

Projektleitung

Dr. Iris Hahner

Herstellung

Reinhard Soll

Umschlaggestaltung und -konzeption

R.M.E. Eschlbeck/Kreuzer/Botzenhardt unter Verwendung eines Fotos von Getty Images, Photolibrary.com

Layout

Berliner Buchwerkstatt, Britta Dieterle/ Jörg Metze

Gesamtproducing

Redaktion: Berliner Buchwerkstatt, Andreas Kobschätzky
Gestaltung: Berliner Buchwerkstatt, Jörg Metze

Druck und Bindung

Těšínská tiskarna, Česky Tesín
Printed in the Czech Republic

ISBN 978-3-517-08231-8

817 2635 4453 6271